リック式「右脳」メソッド

ヤバいくらい覚えられる
速習の英単語

1500

リック西尾

リーディング
1回読み通したらワンチェック

1	2	3	4
9	10	11	12
17	18	19	20
25	26	27	28
33	34	35	36

チェックシート
さあ40回のリーディングに挑戦!!

5	6	7	8
13	14	15	16
21	22	23	24
29	30	31	32
37	38	39	40

リックメソッドとは

従来の英語学習の問題点

ヒアリングを十分に行ってこなかった

　私たちの幼少の頃を考えてみて下さい。私たちは何不自由なく日本語をマスターしていますが、生まれたときから日本語のテキストを見せられて、日本語を学習してきたわけではありません。日常生活の中で親が語る言葉やテレビから流れてくる言葉から、日本語を習得してきたのです。つまり日本語習得の基本は、耳によるヒアリングからなのです。

　一方、私たちの学校における英語の学習方法を考えてみますと、テキストを使った目によるリーディングが中心の学習になってしまっています。そのために脳に英語の

音声を認識する神経回路が形成されないままに、英語学習を続けてきたことになります。「何を言っているのかさっぱり英語が聞き取れない」と嘆く日本人が大半ですが、ただ私たちは英語のヒアリングを十分に行ってこなかっただけなのです。

また、耳で英語の音声を学ばなければ、当然英語をきれいに発音することもできません。自信のない英語の発音では、英語学習の習得の大きなブレーキになってしまいます。

英語を日本語に翻訳して学習してきた

日本の学校における英語学習は、英語を日本語に翻訳することが中心になっています。そのために、私たちは英語を理解するのに、いちいち英語を日本語に翻訳してからでないと、その英語の意味を理解することができません。また英語を話すのに、一度日本語で考えたことを英語に翻訳してからでないと、その英語を話せなくなってしまっています。このことを当然のように受け止めておられる方が多いと思いますが、実はこれは大変不自然なことなのです。実

はこのことが日本人の英語学習力を低下させてしまっている元凶でもあるのです。私たち日本人は、日本語を日本語で理解しています。アメリカ人は英語を英語で理解しています。当然のことです。つまり、英語をマスターするためには、英語を日本語で理解するのではなく、英語を英語で考え、理解できるようにならなければならないのです。英語を日本語に対応させながら学習する方法を続ける限り、言語を司る神経回路が複雑になるばかりで、英語の習得は永遠に不可能なのです。

英語学習で、十分に右脳を活用してこなかった

　私たちは英単語を暗記するとき、大変な苦痛を感じます。たかだか1000の英単語を暗記するのも、そう容易ではありません。ましてや、英語をある程度使いこなせるようになるためには、1万語は覚えなければなりません。そうなると英単語を覚えることがほぼ絶望的な気分に陥ってしまいます。結局、記憶力のある優秀なほんの一握りの人にしか、英語はマスターできないのではないかと思えてきます。そのことで

英語の習得を断念した人が少なくないはずです。

　ところが、英単語をなかなか覚えられない原因は、皆さんの記憶力が低いからではなく、ただ単純に右脳を活用せず、左脳偏重の誤った方法で英単語を覚えてきたからに過ぎないのです。

リックメソッドによる英単語記憶法

右脳を活用しない従来の記憶法について

右脳と左脳のはたらき

　まず、右脳と左脳のはたらきについて考えてみますと、大脳は右脳と左脳の二つに分かれており、脳梁(のうりょう)によって結ばれ、情報が伝達されるしくみになっています。右脳は「イメージ脳」、左脳は「言語脳」といわれ、両方がお互いの役割を分担し協力しながら脳の作業を司っています。

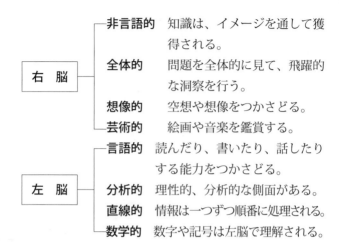

言葉の性質について

　次に、言葉の性質について考えてみますと、言葉は基本的に二つの要素から成り立っています。一つは文字情報（表音・表記）の部分、もう一つはイメージ情報の部分で、この二つは表裏一体の関係にあります。

　具体的に、「定規」という言葉を例にとって図式化すると次頁のようになります。

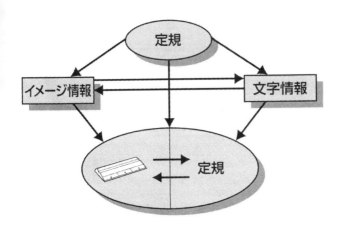

言葉と脳の関係

　では、言葉と脳の関わりはどのようになるのでしょうか。下記の図式のようにイ

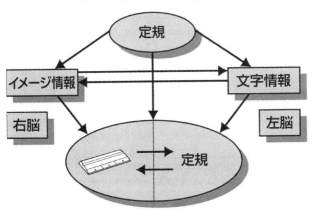

メージ情報は右脳に、文字情報は左脳に分けられて、それぞれの脳に記憶されます。

右脳のはたらきを疎外したテスト

ではここで、右脳を使わない記憶がいかに大変であるかを知るテストをしてみたいと思います。

右脳のはたらきを抑えることは、イメージの伴わない言葉を覚えることによって実現できます。イメージの伴わない言葉として無意味な言葉、数字などがあげられます。では以下の文章を記憶して下さい。

● **無意味な言葉**

とすて のくおき たし いがそ をきたらは のうのう

いかがですか。イメージの伴わない左脳だけの記憶が、いかに大変かということがおわかりいただけたと思います。
ちなみに、上記の言葉にイメージが加わると、記憶力は一気に飛躍します。

ひらがなを逆から読むと、
うのうの はたらきを そがい した てすと

従来の英単語の記憶法

それでは、私たちの従来の英単語の記憶法は、どうして右脳のはたらきを疎外してきたのでしょうか。それを分析してみますと、以下のようになります。

1 「ruler」という英単語の文字を認識

2 対訳の「定規」という日本語と照合

3 ruler・定規　　ruler・定規
　 ruler・定規　　ruler・定規

4 「ruler」＝「定規」が脳に定着するまで記憶の作業を反復する

これを図式化すると次頁のようになります。

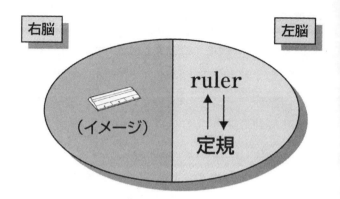

　図式を見ていただくと、よくわかります。これだと**左脳内において表音表記の文字だけで記憶の作業が反復され、イメージが出力されていません**。つまり、右脳のはたらきがフリーズ状態のまま、記憶の作業が繰り返されていることになります。左脳だけの記憶がいかに大変かは、先ほどのテストで実験済みです。したがって、このような方法で記憶することは、非常に困難がつきまとい、また成果も上がりません。
　では、どうすればよいのでしょうか。

リックメソッドによる記憶法

まずは、図式を見て下さい。

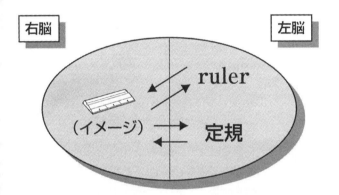

すでに私たちは、膨大な数の日本語を記憶しています。それはすなわち、その数の概念化されたイメージを、右脳に記憶していることを意味します。実は、そのイメージを右脳から出力して、英単語の文字と合わせるのです。

それを実現するためにはどうすればよいのか。次の文章をお読み下さい。

真直ぐにrulerを使って線を引く

この文章を読むと前後の文脈からruler

が何であるかイメージできます。つまり、短い文章を通し右脳から定規のイメージが出力されるのです。そのイメージとrulerを結合するのです。右脳におけるイメージを活用すると記憶力が飛躍的に向上するのは、先ほどのテストで実験済みです。

　理解を深めるためにもう少し例文をお読み下さい。

タンクにfuelを補給する
銀行でaccountを開設する
玄関をほうきでsweepする
法律で売春をprohibitする
法を無視したillegalな取り引き

　いかがですか？　例文を読んで英単語のイメージが浮かんできませんか。右脳に眠っているイメージが、呼び起こされたのではないでしょうか。

　またこの方法だと、rulerを定規と理解しなくても、rulerをそのまま英語で理解することが可能になります。英語を日本語に翻訳して理解するという私たちの悪い習慣から脱皮することができます。

ちなみに、英語をそのまま理解することを、実は私たち日本人は無意識に行ってきました。以下をご覧下さい。

ビギナー　トレンド　スピーチ　ニーズ
サポート　パーフェクト　リサーチ　システム
アピール　マナー　セオリー　パートナー
リーダー　メソッド　ユーモア　アイス
ジンクス　エゴイスト

これらは外来語です。いちいち日本語の対訳と合わせながら覚えたわけではありません。「ビギナー」を「ビギナー」として、「トレンド」を「トレンド」として、初めから自然に覚えたものばかりです。

本書の利用法

まず英単語の発音を習得していただくために、音声データを用意しています。まずはそれをPCやスマホにダウンロードしてください。

※ダウンロードは18頁及び表紙の袖に記載された方法に従って行ってください。

音声は各ページの見出しと英単語のみが録音されています。とてもシンプルです。日本語の対訳はついていません。それをすると従来型の左脳を使った記憶法になるからです。

まずは英単語を何度も聴いて、英単語の発音を耳から覚えてください。口に出して発音すればより効果的です。

後はその意味が分かれば、英単語の記憶は完成です。しかも英単語を日本語に還元しないで意味を覚えたことになります。

続いて英語の意味の記憶は本書を読んでおこないます。

本書は、**文章を読みながら英単語のイメージが浮かぶように工夫してつくられていま**

す。イメージを優先しているため、多少の不自然な文章はお許しください。

左ページの文章を読みながら英語の意味をイメージで捉えるようにして、右ページの対訳は、あくまで確認程度にとどめてください。

最初は日本語の意味を確認する必要がありますが、慣れてきたら左ページだけを読みながら英語の意味を右脳で覚えていきます。ただ、ピアノやゴルフの習得を考えてみればおわかりいただけると思いますが、何をするにも反復作業は必要な条件です。2〜3回の反復でマスターを望むこと自体、非科学的なことです。英単語の記憶においても同じことが言えます。

この本は、1ページごとの読み切りにし、無駄な文章をいっさい省き、テンポよくリズミカルに読み進められるように工夫がこらされています。

チェックチャートが本書の巻頭に用意されていますので、できれば40回を目安に、そこに記入しながら読み返してください。 慣れてくれば1時間で1冊読み通すことができ、早い人で40日足らずで、英単語1500

をマスターすることが可能です。
過去、受験で苦労された皆様が、この本を通して英単語習得が非常に容易であることを実感されるに違いありません。

リック西尾

> すべての英単語の音声入り
> **無料音声**
> （1〜4倍速対応）
> **ダウンロード**
> スマホでも聴けます！

本書の英単語の音声は、パソコン・スマホ・タブレット端末のいずれでも無料でご利用いただけます。ダウンロードの詳細は、下記をご参照ください。

http://kklong.co.jp/sokushu

下のQRコードからもアクセスできます。

■2倍速、3倍速、4倍速でチャレンジしてみよう！

　最初は通常のスピードで英文を聞き、声に出して下さい。少し慣れてきたら2倍速でチャレンジして下さい。それにも慣れてきたら3倍速に、さらに4倍速にまでチャレンジして下さい。

　やっているうちに左脳の自意識が薄れ、情報が右脳に定着しやすくなります。右脳に定着した英語の情報が左脳につながれば、いつでも理解し表現ができるようになります。そして自然に英語が口から出てくるようになります。

　このチャレンジの過程で、日本語という振動数の低い言語に慣れ切っていた聴覚が鋭くなってくるのが分かります。聴覚が敏感になることによって、振動数の高い英文を聞き取る力が高まります。

　試しに、高速に慣れてきたら、少しスピードを下げてみてください。以前は聞きにくかった英文がハッキリ聞こえ、いつの間にか右脳に定着しているのが実感できるはずです。

〈指導・制作〉
一般社団法人エジソン・アインシュタインスクール協会

　　　　　　　　　　　　　代表 鈴木昭平

CONTENTS

リーディングチェックシート …………………………………… 2
リックメソッドとは ……………………………………………… 4

SECTION 1
- 1-1 ● 地震 [動詞] …………………… 26
- 1-2 ● 車の事故 [動詞] ……………… 28
- 1-3 ● 話す [動詞] …………………… 30
- 1-4 ● 内面 1 [動詞] ………………… 32
- 1-5 ● 病気 [名詞] …………………… 34
- 1-6 ● 人生 1 [名詞] ………………… 36
- 1-7 ● お金 1 [名詞] ………………… 38
- 1-8 ● 企業 1 [名詞] ………………… 40
- 1-9 ● 物 1 [形容詞] ………………… 42
- 1-10 ● 経済 1 [形容詞] ……………… 44

SECTION 2
- 2-1 ● 物 2 [動詞] …………………… 48
- 2-2 ● おしゃべり [動詞] …………… 50
- 2-3 ● 国王 [動詞] …………………… 52
- 2-4 ● 人生 2 [動詞] ………………… 54
- 2-5 ● 病院 [名詞] …………………… 56
- 2-6 ● 苦難の人生 [名詞] …………… 58
- 2-7 ● 支払い [名詞] ………………… 60
- 2-8 ● 企業 2 [名詞] ………………… 62
- 2-9 ● 物 3 [形容詞] ………………… 64
- 2-10 ● 抽象 1 [形容詞] ……………… 66

SECTION 3
- 3-1 ● 動物 [動詞] …………………… 70
- 3-2 ● 同僚との会話 [動詞] ………… 72
- 3-3 ● お金 2 [動詞] ………………… 74
- 3-4 ● 戦闘 [動詞] …………………… 76
- 3-5 ● 薬 [名詞] ……………………… 78
- 3-6 ● 人間 1 [名詞] ………………… 80
- 3-7 ● 商品 1 [名詞] ………………… 82
- 3-8 ● 経営 1 [名詞] ………………… 84
- 3-9 ● 自然 [形容詞] ………………… 86
- 3-10 ● 時代 [形容詞] ………………… 88

SECTION 4
- 4-1 ● 手の動作 [動詞] ……………… 92
- 4-2 ● 不満 [動詞] …………………… 94
- 4-3 ● 仕事 1 [動詞] ………………… 96
- 4-4 ● 物 4 [名詞] …………………… 98
- 4-5 ● 医療器具 [名詞] ……………… 100
- 4-6 ● 人間性 [名詞] ………………… 102

	4-7	● 商品2 [名詞]	104
	4-8	● 生産 [名詞]	106
	4-9	● 食物 [形容詞]	108
	4-10	● 人1 [形容詞]	110
SECTION 5	5-1	● らんぼうな動作 [動詞]	114
	5-2	● パーティー [動詞]	116
	5-3	● 商売 [動詞]	118
	5-4	● 場所 [名詞]	120
	5-5	● 出産 [名詞]	122
	5-6	● 人2 [名詞]	124
	5-7	● 商品3 [名詞]	126
	5-8	● 経理 [名詞]	128
	5-9	● 部屋 [形容詞]	130
	5-10	● 人間2 [形容詞]	132
SECTION 6	6-1	● その他の動作1 [動詞]	136
	6-2	● 芸能ニュース [動詞]	138
	6-3	● 会社 [動詞]	140
	6-4	● 交通 [名詞]	142
	6-5	● 医療 [名詞]	144
	6-6	● 人3 [名詞]	146
	6-7	● 価格 [名詞]	148
	6-8	● 契約1 [名詞]	150
	6-9	● 建物 [形容詞]	152
	6-10	● 知的な人間 [形容詞]	154
SECTION 7	7-1	● その他の動作2 [動詞]	158
	7-2	● 社会生活1 [動詞]	160
	7-3	● 企業3 [動詞]	162
	7-4	● 空港 [名詞]	164
	7-5	● 職業 [名詞]	166
	7-6	● マイナスのこころ1 [名詞]	168
	7-7	● 販売 [名詞]	170
	7-8	● 貿易 [名詞]	172
	7-9	● 外観 [形容詞]	174
	7-10	● 愛される人 [形容詞]	176
SECTION 8	8-1	● 出勤 [動詞]	180
	8-2	● 記者会見 [動詞]	182
	8-3	● 経営2 [動詞]	184
	8-4	● 日常生活 [名詞]	186
	8-5	● 抽象2 [名詞]	188

	8-6 ●	サラリーマン [名詞]	190
	8-7 ●	雇用 [名詞]	192
	8-8 ●	宣伝 [名詞]	194
	8-9 ●	商品4 [形容詞]	196
	8-10 ●	好かれない人 [形容詞]	198
SECTION 9	9-1 ●	散歩 [動詞]	202
	9-2 ●	させる1 [動詞]	204
	9-3 ●	工場 [動詞]	206
	9-4 ●	社会生活2 [名詞]	208
	9-5 ●	ビジネスマン [名詞]	210
	9-6 ●	抽象3 [名詞]	212
	9-7 ●	勤務 [名詞]	214
	9-8 ●	業績 [名詞]	216
	9-9 ●	豊かな生活 [形容詞]	218
	9-10 ●	嫌な人間 [形容詞]	220
SECTION 10	10-1 ●	主婦 [動詞]	224
	10-2 ●	させる2 [動詞]	226
	10-3 ●	会議1 [動詞]	228
	10-4 ●	社会 [名詞]	230
	10-5 ●	業者 [名詞]	232
	10-6 ●	抽象4 [名詞]	234
	10-7 ●	給料 [名詞]	236
	10-8 ●	倒産 [名詞]	238
	10-9 ●	からだ1 [形容詞]	240
	10-10 ●	犯罪者の性格 [形容詞]	242
SECTION 11	11-1 ●	赤ちゃん [動詞]	246
	11-2 ●	社長 [動詞]	248
	11-3 ●	契約2 [動詞]	250
	11-4 ●	マスコミ [名詞]	252
	11-5 ●	否定的な抽象 [名詞]	254
	11-6 ●	労働者 [名詞]	256
	11-7 ●	仕事2 [名詞]	258
	11-8 ●	株 [名詞]	260
	11-9 ●	からだ2 [形容詞]	262
	11-10 ●	態度 [形容詞]	264
SECTION 12	12-1 ●	料理 [動詞]	268
	12-2 ●	上司の態度 [動詞]	270
	12-3 ●	デモ [動詞]	272
	12-4 ●	書類 [名詞]	274

	12-5 ●	企業家 [名詞]	276
	12-6 ●	ビジネスに関する抽象 [名詞]	278
	12-7 ●	昇進 [名詞]	280
	12-8 ●	税 [名詞]	282
	12-9 ●	仕事3 [形容詞]	284
	12-10 ●	意見 [形容詞]	286

SECTION 13

13-1 ●	飲食 [動詞]	290
13-2 ●	人間関係 [動詞]	292
13-3 ●	議会 [動詞]	294
13-4 ●	災害 [名詞]	296
13-5 ●	立場の違う人 [名詞]	298
13-6 ●	プラスのこころ [名詞]	300
13-7 ●	不動産 [名詞]	302
13-8 ●	金融 [名詞]	304
13-9 ●	有能なビジネスマン [形容詞]	306
13-10 ●	プラスの意見 [形容詞]	308

SECTION 14

14-1 ●	健康 [動詞]	312
14-2 ●	問題 [動詞]	314
14-3 ●	経済政策 [動詞]	316
14-4 ●	国家 [名詞]	318
14-5 ●	犯罪に関わる人 [名詞]	320
14-6 ●	内面2 [名詞]	322
14-7 ●	会議2 [名詞]	324
14-8 ●	景気 [名詞]	326
14-9 ●	マイナスの意見 [形容詞]	328
14-10 ●	事件 [形容詞]	330

SECTION 15

15-1 ●	見る [動詞]	334
15-2 ●	マイナスのこころ2 [動詞]	336
15-3 ●	犯罪 [動詞]	338
15-4 ●	色々な人 [名詞]	340
15-5 ●	流行 [名詞]	342
15-6 ●	クーデター [名詞]	344
15-7 ●	議論 [名詞]	346
15-8 ●	組織 [名詞]	348
15-9 ●	経済2 [名詞]	350
15-10 ●	出来事 [形容詞]	352

SECTION 1

1-1 ● 地震 [動詞]

1-2 ● 車の事故 [動詞]

1-3 ● 話す [動詞]

1-4 ● 内面 1 [動詞]

1-5 ● 病気 [名詞]

1-6 ● 人生 1 [名詞]

1-7 ● お金 1 [名詞]

1-8 ● 企業 1 [名詞]

1-9 ● 物 1 [形容詞]

1-10 ● 経済 1 [形容詞]

動詞

地震

地震で建物が小刻みに **tremble** する
（トゥレンブル）

振動でガタガタと **rattle** する
（ラトゥル）

柱が斜めに **lean** する
（リーン）

壁が割れ **crack** する
（クラック）

地面がドスンと **cave (in)** する
（ケイヴ）

建物が次々に **collapse** する
（コラプス）

燃料タンクがドカンと **burst** する
（バースト）

液体燃料はドクドクと海に **stream** する
（ストゥリーム）

その燃料は気化し **vaporize** する
（ヴェイパライズ）

あふれ出た燃料は一帯を **pollute** する
（ポルート）

1-1

☐ **tremble** [trémbl]	揺れる	震える(声・人が)
☐ **rattle** [rǽtl]	ガタガタ鳴る	をガタガタいわせる
☐ **lean** [li:n]	傾く	寄りかかる もたれる
☐ **crack** [kræk]	ひびが入る	にひびを入れる 名割れ目
☐ **cave** [keiv]	陥没する	名洞窟
☐ **collapse** [kəlǽps]	崩壊する(建物などが)	名崩壊
☐ **burst** [bə:rst]	破裂する	を破裂させる 名破裂
☐ **stream** [stri:m]	流れる	名小川
☐ **vaporize** [véipəràiz]	蒸発する	を蒸発させる
☐ **pollute** [pəlú:t]	を汚染する	を汚す

動詞
車の事故

ドライバー、赤信号を **ignore** する

制限速度を超え交通法規を **violate** する

車が凍った路面で **skid** する

車の側面がコンクリートの壁に **sideswipe** する

前を走る車と **crash** する

車線を越え対向車と **collide** する

漏れたガソリンが引火し車が **burn** する

車はメラメラと **blaze** する

車はドカーンと音をたてて **explode** する

燃える車を消火器で **extinguish** する

1-2

ignore [ignɔ́:r]	を無視する	を知らないふりをする
violate [váiəlèit]	を犯す(規則など)	を破る / を妨害する
skid [skid]	スリップする	名スリップ
sideswipe [sáidswàip]	に接触する	をこする(車などが)
crash [kræʃ]	衝突する	名衝突 / 音ガチャン
collide [kəláid]	激しく衝突する	ぶつかる(意見などが)
burn [bə:rn]	燃える	を燃やす / 名やけど
blaze [bleiz]	燃え上がる	激しく怒る / 名炎
explode [iksplóud]	爆発する	を爆発させる(感情など)
extinguish [ikstíŋgwiʃ]	を消す(火・光など)	を消滅させる(情熱など)

動詞
話す

ゲーテの詩をそらで **recite**(リサイト) する

仏壇の前でお経を **chant**(チャント) する

言葉が出ずアアアッと **stammer**(スタマァ) する

子供がママにうるさく **pester**(ペスタァ) する

興奮した彼女を優しく **soothe**(スーズ) する

登校しない息子をパパが **admonish**(アドゥマニシ) する

他人の生活にいちいち **meddle**(メドゥル) する

仲違いする二人を **arbitrate**(アービトゥレイト) する

絶対にお金は返すと **vow**(ヴァウ) する

彼の仕事を高く **rate**(レイト) する

1-3

□ **recite** [risáit]	を暗唱する	
□ **chant** [tʃænt]	を唱える	
□ **stammer** [stǽmər]	どもる	名どもり
□ **pester** [péstər]	にせがむ	を苦しめる を悩ます
□ **soothe** [suːð]	をなだめる	を楽にする を和らげる
□ **admonish** [ədmániʃ]	をさとす	に忠告する
□ **meddle** [médl]	口出しする	干渉する
□ **arbitrate** [áːrbətrèit]	を仲裁する	
□ **vow** [vau]	を誓う	を誓約する 名誓い
□ **rate** [reit]	を評価する	名割合 料金

動詞

内面 1

私は、素敵な先生に **pine**(パイン) する

私は、優しい母を **yearn**(ヤ～ン) する

私は、彼女と結婚したいと **long**(ロ(ー)ング) する

私は、金持ちの生活を **envy**(エンヴィ) する

私は、親の援助を **depend**(ディペンド) する

私は、やる気を自分に **motivate**(モゥティヴェイト) する

私は、夫と離婚しようと **resolve**(リザルヴ) する

私は、自分の将来を真剣に **meditate**(メディテイト) する

私は、一つの言葉から色々と **associate**(アソゥシエイト) する

私は、ひたすら仕事に **endeavor**(エンデヴァ) する

1-4

単語	意味1	意味2
☐ **pine** [pain]	恋こがれる	切望する / やつれる
☐ **yearn** [jə:rn]	慕う	あこがれる
☐ **long** [lɔ(:)ŋ]	切望する	
☐ **envy** [énvi]	をうらやむ	名 うらやみ / ねたみ
☐ **depend** [dipénd]	を当てにする	に頼る
☐ **motivate** [móutəvèit]	に動機をあたえる	
☐ **resolve** [rizálv]	と決心する	を解決する / を分解する
☐ **meditate** [médətèit]	熟考する	黙想する / を企てる
☐ **associate** [əsóuʃièit]	を連想する	を関係させる / つきあう
☐ **endeavor** [indévər]	努力する(形式的語)	名 努力

名詞

病気

突然体がひきつけを起す **spasm** (スパズム)

目がクラクラする **dizziness** (ディズィネス)

皮膚にブツブツができる **rash** (ラッシ)

胃がムカムカする **nausea** (ノーズィア)

食べた物が消化しない **indigestion** (インディチェスチョン)

便が水のように流れる **diarrhea** (ダイアリーア)

便が固まって出ない **constipation** (カンスティペイション)

シンナーを吸って起こす **addiction** (アディクション)

お酒の飲み過ぎでなる **alcoholic** (アルコホ(ー)リク)

腐った食べ物で起こす **food poisoning** (フード ポイゾニング)

34

1-5

☐ **spasm** [spǽzm]	発作	けいれん ひきつけ
☐ **dizziness** [dízinis]	めまい	
☐ **rash** [rǽʃ]	吹き出物	発しん あせも
☐ **nausea** [nɔ́:ziə]	吐き気	
☐ **indigestion** [ìndidʒéstʃən]	消化不良	胃弱 知的不消化
☐ **diarrhea** [dàiərí:ə]	下痢	
☐ **constipation** [kɑ̀nstəpéiʃən]	便秘	
☐ **addiction** [ədíkʃən]	中毒	常用癖 熱中
☐ **alcoholic** [ælkəhɔ́(:)lik]	アルコール中毒	
☐ **food poisoning** [fú:d pɔ́iz(ə)niŋ]	食中毒	

名詞

人生 1

大人として親から巣立つ **independence**
（インディペンデンス）

年とともに求める生活の **stability**
（スタビリティ）

出世で求める社会的な **status**
（ステイタス）

銀行のローンで大切な **credit**
（クレディト）

社会生活で背負う道徳的な **duty**
（デューティ）

お互いに意見を譲り合う **compromise**
（カンプロマイズ）

運命として背負っていく **destiny**
（デスティニィ）

人生で飛躍する恵まれた **opportunity**
（アパテューニティ）

生まれてから死ぬまでの長い **lifetime**
（ライフタイム）

人生で目指すゴールとしての **destination**
（デスティネイション）

1-6

単語	意味1	意味2
independence [ìndipéndəns]	独立	自立
stability [stəbíləti]	安定	安定性 不変
status [stéitəs]	地位	身分 状態
credit [krédit]	信用	名誉 単位
duty [d(j)ú:ti]	義務	税
compromise [kámprəmàiz]	妥協	動妥協する
destiny [déstəni]	宿命	運命
opportunity [àpərt(j)ú:nəti]	機会	チャンス
lifetime [láiftàim]	生涯	一生
destination [dèstənéiʃən]	目的地	行き先

名詞

お金 1

ガスの使用で支払う **gas bills**

駐車で支払う **the parking rate**

契約の申し込みで支払う **down payment**

毎月コツコツためる **reserve money**

お金の返済が滞る **arrears**

大学生の子供にお金を送る **remittance**

会社の解雇で受け取る **dismissal allowance**

会社の定年で受け取る **retirement allowance**

老後に受け取る **annuity**

退職後会社が払い続ける **pension**

1-7

☐ **gas bills** [gǽs bìlz]	ガス料金	
☐ **the parking rate** [ðə páːrkiŋ rèit]	駐車料金	
☐ **down payment** [dáun péimənt]	頭金	
☐ **reserve money** [rizə́ːrv máni]	積立金	
☐ **arrears** [əríərz]	滞納金	滞り
☐ **remittance** [rimít(ə)ns]	送金	
☐ **dismissal allowance** [dismís(ə)l əláuəns]	退職金(解雇による)	
☐ **retirement allowance** [ritáiərmənt əláuəns]	退職金(定年による)	
☐ **annuity** [ən(j)úːəti]	年金(自分が掛けた)	
☐ **pension** [pénʃən]	年金(会社・官庁からの)	

名詞

企業 1

数十万の社員を持つ **big business**

数人で営む **small business**

外国資本による会社の **foreign-affiliated firm**

公的機関が経営する **public enterprise**

一般人が経営する **private enterprise**

東京に拠点を置く **head office**

会社本体から分かれた **subsidiary**

子会社を統括する **parent company**

事業に必要な元手としての **capital**

株主が一堂に集まって行う **stockholders' meeting**

1-8

☐ **big business** [bíg bíznis]	大企業	
☐ **small business** [smɔ́:l bíznis]	零細企業	
☐ **foreign-affiliated firm** [fɔ́(:)rin əfílièitid fə:rm]	外資系企業	
☐ **public enterprise** [pʌ́blik éntərpràiz]	公営企業	
☐ **private enterprise** [práivət éntərpràiz]	民間企業	
☐ **head office** [héd ɔ́(:)fis]	本社	
☐ **subsidiary** [səbsídièri]	子会社	形 補助的な
☐ **parent company** [pé(ə)rənt kʌ́mp(ə)ni]	親会社	
☐ **capital** [kǽpətl]	資本	
☐ **stockholders' meeting** [stákhòuldərz mí:tiŋ]	株主総会	

形容詞

物 1

砂糖でつくられた **fragile**(フラヂル) な人形

ガラスでつくられた **brittle**(ブリトゥル) な装飾品

使いものにならない **broken**(ブロウクン) な機械

床に落ちて **cracked**(クラクト) な陶器

rusty(ラスティ) な鉄

使い古した **ragged**(ラギド) なぞうきん

指先にのる **minute**(マイニュート) な本

透かして見える **transparent**(トゥランスペ(ア)ラレント) なビニール

視覚で確認できる **visible**(ヴィズィブル) な物

視覚で認識できない **invisible**(インヴィズィブル) な物

1-9

☐ **fragile** [frædʒəl]	砕けやすい	壊れやすい もろい
☐ **brittle** [brítl]	壊れやすい(堅いが)	
☐ **broken** [bróuk(ə)n]	壊れた	破棄された
☐ **cracked** [krækt]	割れた	ひびの入った かすれた(声が)
☐ **rusty** [rʌ́sti]	さびた	さびついた
☐ **ragged** [rǽgid]	ぼろぼろの	擦り切れた
☐ **minute** [main(j)úːt]	きわめて小さい	細かい 詳細な
☐ **transparent** [trænspɛ́(ə)rənt]	透明な	透き通った 見えすいた
☐ **visible** [vízəbl]	目に見える	
☐ **invisible** [invízəbl]	目に見えない	

形容詞

経済 1

貿易による **commercial**(コマ~シャル) な交流

市場に活気のない **flat**(フラット) な株取引

景気が悪く **dull**(ダル) な経済

売りが続く **bearish**(ベ(ア)リシ) な相場

買いが続く **bullish**(ブリシ) な相場

経営が行き詰まり **bankrupt**(バンクラプト) な会社

アメリカ企業から取得した **sole**(ソウル) な販売権

一社が支配する **exclusive**(イクスクルースィヴ) な市場

銀行で支払いを拒否された **overdue**(オウヴァデュー) の小切手

いまだ抱える1千万円の **outstanding**(アウトゥスタンディング) な負債

1-10

commercial [kəmə́ːrʃəl]	商業の	名コマーシャル
flat [flæt]	不活発な	変動のない 単調な
dull [dʌl]	活気のない	沈滞した 鈍い
bearish [béə(ə)riʃ]	弱気の(相場が)	下降傾向の
bullish [búliʃ]	強気の(相場が)	上がり気味の
bankrupt [bǽŋkrʌpt]	倒産した	名破産者
sole [soul]	独占的な(単独の)	唯一の
exclusive [iksklúːsiv]	独占的な(排他的な)	専有的な
overdue [òuvərd(j)úː]	支払い期限が過ぎた	未払いの 期限が切れた
outstanding [àutstǽndiŋ]	未払いの	目立つ

SECTION 2

2-1 ● 物2 [動詞]

2-2 ● おしゃべり [動詞]

2-3 ● 国王 [動詞]

2-4 ● 人生2 [動詞]

2-5 ● 病院 [名詞]

2-6 ● 苦難の人生 [名詞]

2-7 ● 支払い [名詞]

2-8 ● 企業2 [名詞]

2-9 ● 物3 [形容詞]

2-10 ● 抽象1 [形容詞]

動詞

物 2

鉄は、熱せられて真っ赤に **glow**(グロウ) する

矢印は、道順を **indicate**(インディケイト) する

ライトは、テレビのスタジオを **illuminate**(イリューミネイト) する

フェンスは、家の敷地を **enclose**(エンクロウズ) する

物質は、摩擦によって熱を **generate**(ヂェネレイト) する

アクセルは、車の速度を **vary**(ヴェ(ア)リィ) する

工場排水は、海を **contaminate**(コンタミネイト)

ダムは、川の流れを **stem**(ステム) する

検査探知器は、不良品を **rid**(リッド) する

骨董品は、古いほど価値を **enhance**(エンハンス) する

2-1

単語	意味1	意味2
glow [glou]	白熱する	紅潮する／图白熱
indicate [índikèit]	を指し示す	だと知らせる
illuminate [il(j)ú:mənèit]	を照らす	を照明する
enclose [inklóuz]	を囲む	
generate [dʒénərèit]	を生じる(電気・光など)	を発生させる
vary [vé(ə)ri]	を変える	異なる
contaminate [kəntæmənèit]	を汚染する	を汚す
stem [stem]	を止める(水流など)	をせき止める
rid [rid]	を取り除く	
enhance [inhǽns]	を高める(価値・魅力など)	を増す

動詞
おしゃべり

女子高生、友人とペチャクチャと **chatter** する

友人と軽く **joke** する

冗談が面白く **chuckle** する

手を口に当て **giggle** する

歯を見せニカッと **grin** する

声をひそめブツブツと **murmur**

突然しくしくと **sob** する

悲しみのあまりア〜ッと **wail** する

友人が肩を抱き **comfort** する

悲しみにくれる友人を **console** する

2-2

☐ **chatter** [tʃǽtər]	ペチャクチャしゃべる	图おしゃべり
☐ **joke** [dʒouk]	冗談を言う	图冗談
☐ **chuckle** [tʃʌ́kl]	ククッと笑う	图くすくす笑い
☐ **giggle** [gígl]	くすくす笑う（とくに女の子）	图くすくす笑い
☐ **grin** [grin]	歯を見せて笑う	
☐ **murmur** [mə́:rmər]	つぶやく	低い声で言う 图つぶやき
☐ **sob** [sɑb]	すすり泣く	むせび泣く 图すすり泣き
☐ **wail** [weil]	泣き叫ぶ	を嘆き悲しむ
☐ **comfort** [kʌ́mfərt]	を慰める	图快適さ
☐ **console** [kənsóul]	を元気づける	を慰める

動詞

国王

新しい国王、分裂していた国を **unify** する

そして、荒廃した国を **govern** する

反体制派の政治家を国外に **exclude** する

束縛されていた奴隷を **release** する

国民に十分な食料を **provide** する

軍隊を増やし防衛力を **strengthen** する

目障りな議会の力を **weaken** する

権力を行使して国民を **oppress** する

国民は、王様の命令に **obey** する

国民は、封建的な王様に **submit** する

2-3

unify [júːnəfài]	を統一する	を一つにする
govern [gávərn]	を治める	を管理する / に影響する
exclude [iksklúːd]	を締め出す	を除外する
release [rilíːs]	を自由にする	を解放する / 名解放
provide [prəváid]	を供給する	備える
strengthen [stréŋ(k)θ(ə)n]	を強くする	
weaken [wíːk(ə)n]	を弱める	を弱くする
oppress [əprés]	を抑圧する	を圧迫する / を虐げる
obey [oubéi]	に従う(命令など)	に服従する
submit [səbmít]	に服従する(人・権力)	を提出する

動詞

人生 2

やむなく地域の習慣に **conform** する

困った人々を意欲的に **aid** する

辛く厳しい環境に自分を **adapt** する

耐え難い苦難を何度も **undergo** する

自分に課せられた義務を **fulfill** する

専門学校で技術を **acquire** する

コツコツと一つのことを **accomplish** する

前人未到のことを **achieve** する

不可能に近い目標を **attain** する

自分の人生が社会の発展に **contribute** する

2-4

□ **conform** [kənfɔ́:rm]	従う(社会通念・習慣などに)	順応する
□ **aid** [eid]	を助ける	名手伝い 名援助
□ **adapt** [ədǽpt]	を適応させる	を改造する 適応する
□ **undergo** [ʌ̀ndərgóu]	を受ける(苦難・試験など)	を経験する に遭う
□ **fulfill** [fulfíl]	を果たす(義務・約束など)	を実現する
□ **acquire** [əkwáiər]	を習得する	を獲得する を身につける
□ **accomplish** [əkámpliʃ]	を成し遂げる(ある仕事)	を完成する
□ **achieve** [ətʃí:v]	を成し遂げる(重要な仕事)	を達成する
□ **attain** [ətéin]	を達成する(努力して)	に到達する
□ **contribute** [kəntríbju(:)t]	に貢献する	を寄付する

名詞

病院

街で一番大きい **general hospital**
ヂェネラル ハスピトゥル

精神障害を治療する **mental hospital**
メントゥル ハスピトゥル

動物の病気を治療する **veterinary hospital**
ヴェテリネリィ ハスピトゥル

内臓の病気を治す **internal medicine**
インタ〜ナル メデ(ィ)スン

骨折やケガを治す **surgery**
サ〜ヂ(ェ)リィ

子供の病気を治す **pediatrics**
ピーディアトゥリクス

目の病気を治す **ophthalmology**
アフサルマロヂィ

皮膚の病気を治す **dermatology**
ダーマタロヂィ

女性の病気を治す **gynecology**
ガイネカロヂィ

妊婦の出産を担当する **obstetrics**
オブステトゥリクス

2-5

general hospital [dʒén(ə)rəl háspitl]	総合病院	
mental hospital [méntl háspitl]	精神病院	
veterinary hospital [vétərənèri háspitl]	動物病院	
internal medicine [intə́:rn(ə)l méd(ə)sən]	内科	
surgery [sə́:rdʒəri]	外科	
pediatrics [pì:diǽtriks]	小児科	
ophthalmology [ὰfθælmάlədʒi]	眼科	
dermatology [də̀:rmətάlədʒi]	皮膚科	
gynecology [gàinəkάlədʒi]	婦人科	
obstetrics [əbstétriks]	産科	

名詞

苦難の人生

人生についてまわる不幸な **fate**（フェイト）

降りかかるさまざまな **misfortune**（ミスフォーチュン）

お米を買う金もない **poverty**（パヴァティ）

精神的に背負う辛い **burden**（バ～ドゥン）

目の前に立ちはだかる **hazard**（ハザド）

行けども行けどもぶち当たる **barrier**（バリア）

なかなか克服できない **difficulty**（ディフィカルティ）

悪人に仕掛けられた **trap**（トゥラップ）

一家心中による目を覆う **tragedy**（トゥラヂディ）

人種差別で受ける **persecution**（パ～スィキューション）

2-6

☐ **fate** [feit]	運命	宿命 死
☐ **misfortune** [misfɔ́ːrtʃən]	災難	不運 不幸な出来事
☐ **poverty** [pávərti]	貧困	貧乏
☐ **burden** [báːrdn]	重荷(精神的な)	荷物 動に重い荷を負わせる
☐ **hazard** [hǽzərd]	障害	危険
☐ **barrier** [bǽriər]	障壁	障害 柵
☐ **difficulty** [dífikəlti]	困難	難しさ
☐ **trap** [træp]	計略	わな
☐ **tragedy** [trǽdʒədi]	悲劇	
☐ **persecution** [pə̀ːrsikjúːʃən]	迫害	

名詞
支払い

購入で代金を払う **payment**（ペイメント）

お金を支払う人の **payer**（ペイア）

お金の支払いを受け取る **payee**（ペイイー）

前もって代金を支払う **advance payment**（アドゥヴァンス ペイメント）

その場で現金で支払う **cash payment**（キャッシ ペイメント）

支払いを分けて行う **installment payment**（インストールメント ペイメント）

お金を支払う日の **the date of payment**（ザ デイト (オ)ヴ ペイメント）

お金の支払いにおける条件の **the terms of payment**（ザ ターームズ (オ)ヴ ペイメント）

銀行にローンを返す **repayment**（リペイメント）

契約で決められた支払いの **due date**（デューデイト）

2-7

payment [péimənt]	支払い	支払い金
payer [péiər]	支払人	
payee [peiíː]	受け取り人	
advance payment [ədvǽns péimənt]	前払い	
cash payment [kǽʃ péimənt]	現金払い	
installment payment [instɔ́ːlmənt péimənt]	分割払い	
the date of payment [ðə deit (ə)v péimənt]	支払い日	
the terms of payment [ðə təːrmz (ə)v péimənt]	支払い条件	
repayment [ripéimənt]	返済	返済金
due date [d(j)úː dèit]	支払い期日	

名詞

企業 2

二つの会社が一つになる **merger**
マ〜ヂァ

他の会社を買い取る **acquisition**
アクウィズィション

他の会社を取り込む **absorption**
アブソープション

金の力で企業を買い占める **buyout**
バイアウト

市場を一手に押さえる **monopoly**
モナボリィ

経営で市場を広げる **enlargement**
インラーヂメント

他社と技術を提供しあう **technical tie-up**
テクニカル タイアップ

技術をさらに高める **technical innovation**
テクニカル イノヴェイション

会社が製造できる能力の **production capacity**
プロダクション カパスィティ

会社が成長して伸びてゆく **growth rate**
グロウス レイト

62

2-8

merger [má:rdʒər]	合弁	合同
acquisition [ækwizíʃən]	取得	獲得
absorption [əbsɔ́:rpʃən]	吸収	
buyout [báiàut]	買収	買占め 買取り
monopoly [mənápəli]	独占	専売権
enlargement [inlá:rdʒmənt]	拡大	拡張
technical tie-up [téknikəl táiÀp]	技術提携	
technical innovation [téknikəl ìnəvéiʃən]	技術革新	
production capacity [prədÁkʃən kəpǽsəti]	生産力	
growth rate [gróuθ rèit]	成長率	

形容詞

物 3

ツルツルした **slippery**(スリパリィ) な床

手のひらに取り出した **slimy**(スライミィ) なシャンプー

キッチリと並べられた **orderly**(オーダリィ) な本棚

暮らしに欠かせない **indispensable**(インディスペンサブル) な生活用品

買ったものの使わない **vain**(ヴェイン) な品物

故障して使えない **useless**(ユースレス) な家電製品

安い値段でしか売れない **inferior**(インフィ(ア)リア) な商品

わずかな誤差も見抜く **precise**(プリサイス) な機器

研究室で開発される **chemical**(ケミカル) な薬品

ミサイルに取り付けられた **nuclear**(ニュークリア) な弾頭

□ **slippery** [slíp(ə)ri]	滑りやすい	つるつる滑る つかみにくい
□ **slimy** [sláimi]	ぬるぬるした	泥だらけの いやらしい
□ **orderly** [ɔ́:rdərli]	整頓された	
□ **indispensable** [ìndispénsəbl]	不可欠の	絶対必要な
□ **vain** [vein]	無駄な	空しい 虚栄心の強い
□ **useless** [jú:slis]	役に立たない	無駄な
□ **inferior** [infí(ə)riər]	劣った	劣等の
□ **precise** [prisáis]	精密な	正確な 明確な
□ **chemical** [kémikəl]	化学の	名 化学薬品(複数形で)
□ **nuclear** [n(j)ú:kliər]	核の	原子核の

形容詞

抽象 1

小学校に入学してスタートする **primary**(プライメリィ) な学年

庶民では買えない **prime**(プライム) な牛肉

人から聞いた **indirect**(インディレクト) な話

絶対に曲げない **resolute**(レゾルート) な信念

二国間で行う **blanket**(ブランケット) な協議

日に日に迫る **upcoming**(アプカミング) な行事

会社を辞める **principal**(プリンスィパル) な理由

真っ向から異議を唱える **counter**(カウンタァ) な意見

世界の市場で流通している **current**(カーレント) な通貨

人類が願う **permanent**(パ～マネント) な平和

2-10

□ **primary** [práimeri]	初歩の	第一の 主要な
□ **prime** [praim]	最上の	第一の 最も重要な
□ **indirect** [ìndirékt]	間接の	まっすぐでない
□ **resolute** [rézəlù:t]	確固たる	決心の固い 断固たる
□ **blanket** [blǽŋkit]	包括的な	
□ **upcoming** [ʌ́pkʌ̀miŋ]	近づいている	
□ **principal** [prínsəp(ə)l]	主な	主要な
□ **counter** [káuntər]	反対の	逆の 名 反対
□ **current** [kə́:rənt]	現在通用している	今日の 現在の
□ **permanent** [pə́:rmənənt]	永久の	普遍の 名 パーマ

SECTION 3

3-1 ● 動物 [動詞]

3-2 ● 同僚との会話 [動詞]

3-3 ● お金 2 [動詞]

3-4 ● 戦闘 [動詞]

3-5 ● 薬 [名詞]

3-6 ● 人間 1 [名詞]

3-7 ● 商品 1 [名詞]

3-8 ● 経営 1 [名詞]

3-9 ● 自然 [形容詞]

3-10 ● 時代 [形容詞]

動詞

動物

コオロギが草むらで **chirp**(チャ〜プ) する

カラスがカーカーと **croak**(クロウク) する

犬がワンワンと **bark**(バーク) する

オオカミが月に向かって **howl**(ハウル) する

野獣の集団が荒野に **inhabit**(インハビト) する

野獣、鋭い歯で獲物の肉を **bite**(バイト) する

そして肉をムシャムシャと **munch**(マンチ) する

後ろ足で地面を **dig**(ディッグ) する

掘った穴に死がいを **bury**(ベリィ) する

冬、餌がなく荒野をさまよい **starve**(スターヴ) する

3-1

☐ **chirp** [tʃəːrp]	鳴く(虫が)	さえずる(小鳥が) 名虫の泣き声
☐ **croak** [krouk]	カーカー鳴く(カラスが)	ケロケロ鳴く(カエルが)
☐ **bark** [bɑːrk]	ほえる	名ほえ声
☐ **howl** [haul]	遠ぼえする	わめく 名遠ぼえ
☐ **inhabit** [inhǽbit]	に住む(民族・動物の集団が)	に宿る
☐ **bite** [bait]	をかむ	かみつく 名かむこと
☐ **munch** [mʌntʃ]	をむしゃむしゃ食べる	
☐ **dig** [dig]	を掘る	
☐ **bury** [béri]	を埋める	
☐ **starve** [stɑːrv]	餓死する	飢える

動詞
同僚との会話

A氏、同僚に仕事の成功を **boast**(ボウスト) する

自分の実績を誇張して **exaggerate**(イグザヂェレイト) する

そして、豪決にげらげらと **guffaw**(ガフォー) する

A氏、隣の女性客を助平心で **tease**(ティーズ) する

いやらしい顔でにたにたと **smirk**(スマーク) する

しばらくして、A氏ボソボソと **mutter**(マタァ) する

同僚に、公金横領のことを **confess**(コンフェス) する

A氏、自分をあざけるように **sneer**(スニア) する

カウンターにうつぶしてオイオイと **wail**(ウェイル) する

同僚、A氏の肩に手をかけ彼を **comfort**(カンファト) する

3-2

□ **boast** [boust]	を自慢する	を誇りにする
□ **exaggerate** [igzǽdʒərèit]	を大げさに言う	を誇張する
□ **guffaw** [gʌfɔ́ː]	げらげら笑う	名ばか笑い 大笑い
□ **tease** [tiːz]	をからかう	をいじめる
□ **smirk** [sməːrk]	にたにた笑う	にやにやする
□ **mutter** [mʌ́tər]	つぶやく	ぶつぶつ言う 名つぶやき
□ **confess** [kənfés]	を白状する	を認める
□ **sneer** [sniər]	冷笑する	あざ笑う
□ **wail** [weil]	泣き叫ぶ（悲しみや痛みで）	を嘆き悲しむ
□ **comfort** [kʌ́mfərt]	を慰める	名快適さ

動詞

お金 2

お金をコツコツと **save** する

お金を無駄なことに **waste** する

お金を下宿する息子に **remit** する

お金を教会に **donate** する

お金を取引先の銀行口座に **transfer** する

ローンを一括で **repay** する

商品の返品で代金を **refund** する

資産運用でお金を株に **invest** する

一か八かで資金を為替に **speculate** する

資金繰りに苦しむ友人にお金を **accommodate** する

3-3

save [seiv]	を蓄える	を救う / を節約する
waste [weist]	を浪費する	图浪費
remit [rimít]	を送る(お金)	送金する
donate [dóuneit]	を寄付する	寄金をする
transfer [trænsfə́:r]	を振り込む	を移す / 乗り換える
repay [ripéi]	を返済する	を返す / を払い戻す
refund [rifʌ́nd]	を払い戻す	图返金 / 払い戻し
invest [invést]	を投資する	
speculate [spékjulèit]	投機する	を推測する
accommodate [əkámədèit]	に融通する	の便宜をはかる / を宿泊させる

動詞

戦闘

空軍は弾薬を戦闘機に **equip**(イクウィップ) する

部隊は敵の市街を **surround**(サラウンド) する

市街に住む住人を戦闘に **involve**(インヴァルヴ) する

爆撃機で敵陣営を **bomb**(バム) する

敵の弾薬庫を **blast**(ブラスト) する

堅固な要塞が爆撃で **smash**(スマッシ) する

敵の軍隊が後方に **retreat**(リトゥリート) する

攻撃をさらに加え、敵を **defeat**(ディフィート) する

敵は白旗をあげ **surrender**(サレンダァ) する

軍隊は完全に敵軍を **conquer**(カンカァ) する

3-4

equip [ikwíp]	に装備する	
surround [səráund]	を囲む	を取り巻く
involve [inválv]	を巻き込む	と関係させる
bomb [bɑm]	を爆撃する	名爆弾
blast [blæst]	を爆破する	名爆破 突風
smash [smæʃ]	こなごなに壊れる	を打ちくだく を撃破する
retreat [ritríːt]	退却する	後退する 名退却
defeat [difíːt]	を負かす	をうち破る 名敗北
surrender [səréndər]	降伏する	を引き渡す
conquer [káŋkər]	を征服する	に打ち勝つ 勝利を得る

薬

風邪を予防するための **gargle**（ガーグル）

咳を抑えるための **cough medicine**（コーフ メデ(ィ)スン）

高熱を下げるための **antifebrile**（アンタイフィーブラル）

風邪をひいたときに飲む **cold medicine**（コウルド メデ(ィ)スン）

食べ過ぎのときに飲む **digestive aid**（ダイチェスティヴ エイド）

擦り傷に塗る **ointment**（オイントゥメント）

痛みを抑える **aspirin**（アスピリン）

家庭の薬箱に納められた **household medicine**（ハウスホウルド メデ(ィ)スン）

病原菌の繁殖を抑える **antibiotic**（アンティバイアティク）

ガン細胞を抑制する **anticancer**（アンティキャンサァ）

3-5

gargle [gá:rgl]	うがい薬
cough medicine [kɔ́(:)f méd(ə)sən]	咳止め
antifebrile [æntaifí:brəl]	解熱剤
cold medicine [kóuld méd(ə)sən]	風邪薬
digestive aid [daidʒéstiv èid]	消化薬
ointment [ɔ́intmənt]	傷薬
aspirin [æsp(ə)rin]	鎮痛剤
household medicine [háushòuld méd(ə)sən]	常備薬
antibiotic [æntibaiátik]	抗生物質
anticancer [æntikǽnsər]	抗ガン剤

名詞

人間 1

ちまたに流れる人の **rumor**（ルーマァ）

世間でたてられる人々の **fame**（フェイム）

その人をほめたたえる **praise**（プレイズ）

インテリな人ほど高い **intelligence**（インテリヂェンス）

何も知らない **ignorance**（イグノランス）

ひたすら勉強する **diligence**（ディリヂ(ェ)ンス）

怠けて何もしない **negligence**（ネグリヂェンス）

相手に何とか納得させる **persuasion**（パスウェイジョン）

来賓をもてなす親切な **hospitality**（ハスピタリティ）

人前で振る舞う行儀よい **courtesy**（カ～テスィ）

3-6

rumor [rúːmər]	うわさ	
fame [feim]	評判	名声
praise [preiz]	称賛	ほめたたえること 動をほめたたえる
intelligence [intélədʒəns]	知性	知能 知識
ignorance [ígnərəns]	無知	無学
diligence [dílədʒ(ə)ns]	勤勉	
negligence [néglidʒəns]	怠慢	不注意
persuasion [pərswéiʒən]	説得	説得力
hospitality [hàspətǽləti]	歓待	
courtesy [kə́ːrtəsi]	礼儀正しさ	丁寧さ

名詞

商品 1

市場に流通する **merchandise** マーチャンダイズ

販売セールで客を引き寄せる **loss leader** ロ(ー)スリーダァ

買って得する **best buy** ベストバイ

抽選で贈答する **premium** プリーミアム

お中元で受け取る **gift certificate** ギフトサティフィケト

ブランド商品をまねた **imitation** イミテイション

傷物で商品にならない **defective merchandise** ディフェクティヴ マーチャンダイズ

不良品で店に返された **returned goods** リターンドグッツ

工場で大量に生産された **ready-made goods** レディメイドグッツ

出荷前の検査で取り除かれた **reject** リヂェクト

3-7

☐ **merchandise** [mə́:rtʃəndàiz]	商品(集合的に)	
☐ **loss leader** [lɔ́(:)s líːdər]	目玉商品	
☐ **best buy** [bést bái]	お買い得品	
☐ **premium** [príːmiəm]	賞品	保険料 賞金
☐ **gift certificate** [gift sərtífikət]	商品券	
☐ **imitation** [ìmətéiʃən]	模造品	模倣
☐ **defective merchandise** [diféktiv mə́:rtʃəndàiz]	不良品	
☐ **returned goods** [ritə́:rnd gùdz]	返品	
☐ **ready-made goods** [rèdiméid gùdz]	既製品	
☐ **reject** [ridʒékt]	不合格品	

名詞

経営 1

経営における商品販売の **sales**(セイルズ)

採算がとれるかどうかの **break-even point**(ブレイク イーヴン ポイント)

企業が展開する経営の **strategy**(ストゥラテヂィ)

時流に合わせた戦略の **amendment**(アメンドメント)

企業が社員に示す将来の **guideline**(ガイドゥライン)

社内に導入する最新鋭の **equipment**(イクウィプメント)

社員にはかる意識の **innovation**(イノヴェイション)

徹底した情報とデータの **administration**(アドゥミニストゥレイション)

飛躍的に向上する仕事の **efficiency**(イフィシェンスィ)

各社員に課せられた **charge**(チャーヂ)

84

3-8

sales [seilz]	売上高(複数形で)	
break-even point [bréikí:vən pɔint]	損益分岐点	
strategy [strǽtədʒi]	戦略	
amendment [əméndmənt]	修正	修正案
guideline [gáidlàin]	指針	
equipment [ikwípmənt]	設備	備品
innovation [ìnəvéiʃən]	革新	導入 / 刷新
administration [ædmìnəstréiʃən]	管理	政府 / 経営
efficiency [ifíʃənsi]	能率	効率
charge [tʃá:rdʒ]	責任	

形容詞
自然

カチンカチンでレンガのような **firm** な地面

舗装されていない **rugged** な山道

本土から数百キロもある **remote** な島

農作物がよく育つ **fertile** な土地

草一本生えない **barren** な土地

熱帯林が **dense** なジャングル

一年中暖かい **temperate** な土地

マイナス50度の **frozen** な北極

生き物が生息できない **severe** な荒野

宇宙に点在する **countless** な星

□ **firm** [fə:rm]	固い	堅固な しっかりした
□ **rugged** [rʌ́gid]	でこぼこの多い	ごつごつした ざらざらした
□ **remote** [rimóut]	遠く離れた	へんぴな 関係の薄い
□ **fertile** [fə́:rtl]	肥沃な	肥えた
□ **barren** [bǽrən]	不毛の	無益な 不妊の
□ **dense** [dens]	密集した	濃い
□ **temperate** [témp(ə)rit]	温暖な	節度のある
□ **frozen** [fróuzn]	凍った	冷凍の
□ **severe** [sivíər]	厳しい	厳格な ひどい(悪寒・苦痛などが)
□ **countless** [káuntlis]	数えきれない	無数の

形容詞

時代

今を気楽に生きる **optimistic**(アプティミスティク) な時代

科学が飛躍的に発展した **tremendous**(トゥレメンダス) な時代

他人のことはどうでもいい **indifferent**(インディフ(ァ)レント) な時代

流行がコロコロと移ろう **variable**(ヴェ(ァ)リアブル) な時代

政局が激変する **unstable**(アンステイブル) な時代

世界中で紛争が起こる **confused**(コンフューズド) な時代

一寸先が闇の **anxious**(アン(ク)シャス) な時代

将来の展望を悪く捉える **pessimistic**(ペスィミスティク) な時代

望みを完全に絶たれた **hopeless**(ホウプレス) な時代

終末を迎えた **terminal**(ターミナル) な時代

3-10

optimistic [ὰptəmístik]	楽観的な	楽天的な のんきな
tremendous [triméndəs]	ものすごい	すさまじい すばらしい
indifferent [indíf(ə)rənt]	無関心な	どうでもよい 公平な
variable [vè(ə)riəbl]	変わりやすい	変えられる
unstable [ʌnstéibl]	不安定な	変動しやすい
confused [kənfjúːzd]	混乱した	まごついた
anxious [æŋ(k)ʃəs]	不安な	気掛かりな
pessimistic [pèsəmístik]	悲観的な	厭世的な
hopeless [hóuplis]	絶望的な	望みのない
terminal [tə́ːrmən(ə)l]	終わりの	終点の 名ターミナル

SECTION 4

- 4-1 ● 手の動作 [動詞]
- 4-2 ● 不満 [動詞]
- 4-3 ● 仕事1 [動詞]
- 4-4 ● 物4 [名詞]
- 4-5 ● 医療器具 [名詞]
- 4-6 ● 人間性 [名詞]
- 4-7 ● 商品2 [名詞]
- 4-8 ● 生産 [名詞]
- 4-9 ● 食物 [形容詞]
- 4-10 ● 人1 [形容詞]

動詞
手の動作

手にした命綱を **clasp** する

痴漢の腕を **clutch** する

綱引きのロープを **tug** する

通行人のバッグを **snatch** する

枝にぶらさがる柿を **wrench** する

畑から大根を **pluck** する

ビリビリにカーテンを **rip** する

ズルズルと荷物を **haul** する

指でコインを **flick** する

ケンカで相手の胸ぐらを **grapple** する

4-1

clasp [klæsp]	をしっかり握る	をしっかり抱きしめる
clutch [klʌtʃ]	をぐいっとつかむ	をしっかり握る
tug [tʌg]	をぐいっと引く	を強く引っぱる
snatch [snætʃ]	をひったくる	をかっぱらう
wrench [rentʃ]	をもぎ取る	を激しくねじる
pluck [plʌk]	を引き抜く	をむしり取る / を摘む
rip [rip]	を裂く	をはぎ取る / 裂ける
haul [hɔːl]	を引きずる	をぐいっと引っぱる
flick [flik]	をはじく(指先で)	を軽く払いのける
grapple [grǽpl]	をぎゅっとつかむ	つかみ合う

動詞

不満

お母さんは子供に勉強しろと **snarl**(スナール) する

子供はママの小言で **grunt**(グラント) する

妻は夫に生活費が足らないと **grumble**(グランブル) する

夫は妻の追及にあれやこれやと **quibble**(クウィブル) する

上司は部下の失態を **blame**(ブレイム) する

女は嫉妬に狂って男を **damn**(ダム) する

社員は社長の無能を **criticize**(クリティサイズ) する

被害者の家族は殺人犯を **curse**(カ〜ス) する

市民は警察の不手際を **accuse**(アキューズ) する

国民は政府の無策ぶりを **denounce**(ディナウンス) する

4-2

□ **snarl** [snɑːrl]	がみがみ言う	歯をむき出してうなる(犬などが)
□ **grunt** [grʌnt]	ぶつぶつ言う	ブーブー鳴く(豚が)
□ **grumble** [grʌ́mbl]	愚痴を言う	ぶつぶつ言う
□ **quibble** [kwíbl]	屁理屈を言う	こまかしを言う 名屁理屈
□ **blame** [bleim]	をとがめる	を責める 名責め
□ **damn** [dæm]	をののしる	を酷評する ちくしょう！
□ **criticize** [krítəsàiz]	を非難する	を批評する
□ **curse** [kəːrs]	をのろう	をののしる 名のろい
□ **accuse** [əkjúːz]	を責める	を非難する を告訴する
□ **denounce** [dináuns]	を公然と非難する	を通告する

動詞
仕事 1

紹介でなんとか仕事を **land** する

家族のために **toil** する

きりがついて仕事を **cease** する

人の目を盗んでは仕事を **loaf** する

責任感がなく仕事を **neglect** する

外界を遮断し仕事に **concentrate** する

ミスの許されない仕事で神経を **strain** する

辛い仕事に歯をくいしばって **endure** する

会社の仕事に自分の命を **devote** する

長年の仕事でノウハウを **accumulate** する

4-3

land [lænd]	を手に入れる (仕事など)	上陸する 名 陸
toil [tɔil]	あくせく働く	骨折って働く
cease [si:s]	をやめる (文語的)	やむ 終わる
loaf [louf]	さぼる (口語的)	のらくらして時間を過こす
neglect [niglékt]	を怠る (義務など)	名 怠慢
concentrate [kánsəntrèit]	に集中する	を集める に専心する
strain [strein]	を極度に使う	を張りつめる をこす (お茶など)
endure [ind(j)úər]	に耐える	を我慢する を持ちこたえる
devote [divóut]	をささげる (時間・精力など)	
accumulate [əkjú:mjulèit]	を蓄積する	たまる

名詞

物 4

視覚でとらえる物質の **aspect**
アスペクト

手でなでる物質の **surface**
サ～フェス

物資を二つに割った **cross section**
クロ(ー)ス セクション

バラバラに分解された物質の **fraction**
フラクション

粉々に砕けた物質の **flake**
フレイク

顕微鏡で調べる物質の **component**
コンポウネント

化学的な分析による物質の **element**
エレメント

水素や酸素などの **atom**
アトム

原子が構成してできる **molecule**
マリキュール

原子炉から漏れる危険な **radioactivity**
レイディオウアクティヴィティ

4-4

aspect [ǽspekt]	外観	様相
surface [sə́ːrfis]	表面	外面 / 形 地上の
cross section [krɔ́(ː)s sèkʃən]	断面	
fraction [frǽkʃən]	一部	分数
flake [fleik]	一片	フレーク
component [kəmpóunənt]	構成要素	成分
element [éləmənt]	元素	要素 / 成分
atom [ǽtəm]	原子	
molecule [málikjùːl]	分子	
radioactivity [rèidiouæktívəti]	放射能	

名詞
医療器具

ケガで腕に巻く **bandage**（バンデヂ）

殺菌で使う **antiseptic**（アンティセプティク）

お尻の穴にさす **enema**（エネマ）

手術前に痛みを抑える **anesthesia**（アネススィージャ）

腕に薬を打つ **injection**（インヂェクション）

注射で使う針のついた **syringe**（スィリンヂ）

手術で患部を切る **scalpel**（スキャルペル）

薬を血管から投与する **intravenous solution**（イントゥラヴィーナス ソルーション）

胃の内部を調べる **gastroscope**（ギャストゥロスコウプ）

骨折を調べる **X-ray**（エクスレイ）

4-5

bandage [bǽndidʒ]	包帯	
antiseptic [æntiséptik]	消毒液	防腐剤
enema [énəmə]	浣腸	
anesthesia [æ̀nəsθíːʒə]	麻酔	無感覚
injection [indʒékʃən]	注射	注射液
syringe [siríndʒ]	注射器	動 注射をする
scalpel [skǽlp(ə)l]	メス	
intravenous solution [intrəvíːnəs səlúːʃən]	点滴	
gastroscope [gǽstrəskòup]	胃カメラ	
X-ray [éksrèi]	レントゲン	動 レントゲンを撮る

名詞

人間性

天から与えられた特別な **faculty**〔ファカルティ〕

手をかければドンドン伸びる **aptitude**〔アプティテュード〕

持って生まれた特殊な **capability**〔ケイパビリティ〕

頭を使って工夫をこらす **wisdom**〔ウィズダム〕

物事を鋭く見抜く **vision**〔ヴィジョン〕

他人にはない自分の **identity**〔アイデンティティ〕

仕事場でガンガン頑張る **morale**〔モラル〕

スペシャリストが備えている **expertise**〔エクスパ〜ティーズ〕

その人物を一言で表わす **characteristic**〔キャラクタリスティク〕

力ある者が放つ威圧的な **authority**〔オサリティ〕

4-6

単語	意味1	意味2
faculty [fǽkəlti]	才能	機能 / 学部
aptitude [ǽptət(j)ùːd]	能力	適性
capability [kèipəbíləti]	能力	才能 / 素質（複数形で）
wisdom [wízdəm]	知恵	知識 / 賢いこと
vision [víʒən]	洞察力	視力 / 幻影
identity [aidéntəti]	独自性	身元
morale [mərǽl]	勤労意欲	やる気
expertise [èkspərtíːz]	専門知識	
characteristic [kæ̀rəktərístik]	特徴	形 特有の / 独特の
authority [əθɔ́rəti]	権威	権限 / 権威者

名詞

商品 2

商品の購入でもらえる **free gift**
フリー ギフト

生活で消費される **commodity**
コマディディ

家庭で使うさまざまな **appliance**
アプライアンス

お店で販売される **sales item**
セイルズ アイテム

国内で製造された **domestic products**
ドメスティク プラダクツ

海外から輸入された **foreign products**
フォ(ー)リン プラダクツ

製品の製造で徹底する **quality control**
クワリティ コントゥロウル

製品チェックで不可となった **rejected product**
リヂェクティド プラダクト

商品の製造で記載される **the date of manufacture**
ザ デイト (ォ)ブ マニュファクチァ

倉庫に山積みされた商品の **stock**
スタック

4-7

free gift [fríː gíft]	景品	
commodity [kəmádəti]	日用品	必需品 商品
appliance [əpláiəns]	器具（家庭用の）	
sales item [séilz áitəm]	商品	
domestic products [dəméstik prádəkts]	国産品	
foreign products [fɔ́(ː)rin prádəkts]	外国製品	
quality control [kwáləti kəntróul]	品質管理	
rejected product [ridʒéktid prádəkt]	不合格品	
the date of manufacture [ðə deit (ə)v mǽn(j)ufǽktʃər]	製造年月日	
stock [stɑk]	在庫品	株式 動に仕入れる

名詞

生産

工場で製品をつくり出す **production**
（プロダクション）

工場で生産される **factory products**
（ファクト(ゥ)リィ プラダクッ）

大量に製品を生産する **mass production**
（マス プロダクション）

経営者が予測する販売の **prospect**
（プラスペクト）

生産でかかる費用の **production cost**
（プロダクション コ(ー)スト）

その工場で生産する **output**
（アウトゥプト）

製造で余分につくり過ぎる **overproduction**
（オウヴァプロダクション）

会社がビジネスで得る **profit**
（プラフィト）

会社全体で上げる利益の **gross profit**
（グロウス プラフィト）

収益から経費を差し引いた **net profit**
（ネット プラフィト）

4-8

production [prədʌ́kʃən]	生産	生産高 産物
factory products [fǽkt(ə)ri prádəkts]	工場製品	
mass production [mǽs prədʌ́kʃən]	大量生産	
prospect [práspekt]	見込み	可能性
production cost [prədʌ́kʃən kɔ(:)st]	生産費	
output [áutpùt]	生産高	生産 動を出力する
overproduction [òuvərprədʌ́kʃən]	生産過剰	
profit [práfit]	利益	得 儲け
gross profit [gróus práfit]	総利益	
net profit [nét práfit]	純益	

形容詞

食物

ブヨブヨする **elastic**(イラスティク) なこんにゃく

糸を引く **sticky**(スティキィ) な納豆

食べ頃の **ripe**(ライプ) なメロン

悪臭を放つ **rotten**(ラトゥン) な肉

汚い手で握られた **foul**(ファウル) なおにぎり

吐き気をもよおす **terrible**(テリブル) な料理

からだを蝕む **harmful**(ハームフル) な食べ物

健康によい **nutritious**(ニュートゥリシャス) な海草

数が決められた **definite**(デフィニト) なランチ

一流料理人がつくる **ultimate**(アルティメト) な料理

4-9

elastic [ilǽstik]	弾力のある	融通のきく
sticky [stíki]	ねばねばする	蒸し暑い
ripe [raip]	熟した	円熟した
rotten [rátn]	腐った	朽ち落ちた 堕落した
foul [faul]	不潔な	
terrible [térəbl]	ひどくまずい	
harmful [háːrmfəl]	有害な	
nutritious [n(j)uːtríʃəs]	栄養価の高い	栄養のある
definite [défənit]	限定された	
ultimate [ʌ́ltəmət]	究極の	根本の 最後の

形容詞

人 1

伝統を重んじる **conservative**(コンサ~ヴァティヴ) な人

伝統を嫌う **liberal**(リベラル) な人

観念的な行動を嫌う **practical**(プラクティカル) な人

密入国した **illegal**(イリーガル) な人

パスポートを所持した **legal**(リーガル) な人

常に未来を先取りする **progressive**(プログレスィヴ) な人

裁判で死刑の判決を受けた **guilty**(ギルティ) な人

裁判で無実が確定した **innocent**(イノセント) な人

指名手配の写真と **identical**(アイデンティカル) な人

誰もがあこがれる **ideal**(アイディーアル) な人

4-10

□ **conservative** [kənsə́:rvətiv]	保守的な	
□ **liberal** [líb(ə)rəl]	自由主義の	寛大な 気前のいい
□ **practical** [præktikəl]	現実的な	実際的な 役に立つ
□ **illegal** [ilí:g(ə)l]	不法な	違法な
□ **legal** [lí:g(ə)l]	合法的な	法律の
□ **progressive** [prəgrésiv]	進歩的な	進歩主義の 名 進歩主義者
□ **guilty** [gílti]	有罪の	
□ **innocent** [ínəsənt]	無罪の	無邪気な 害のない
□ **identical** [aidéntikəl]	同一の	
□ **ideal** [aidí(:)əl]	理想的な	観念的な

SECTION 5

- 5-1 ● らんぼうな動作 [動詞]
- 5-2 ● パーティ [動詞]
- 5-3 ● 商売 [動詞]
- 5-4 ● 場所 [名詞]
- 5-5 ● 出産 [名詞]
- 5-6 ● 人2 [名詞]
- 5-7 ● 商品3 [名詞]
- 5-8 ● 経理 [名詞]
- 5-9 ● 部屋 [形容詞]
- 5-10 ● 人間2 [形容詞]

動詞
らんぼうな動作

満員電車の乗客を **shove** する
（シャヴ）

マシュマロを指で **squash** する
（スクワッシ）

玉をグシャッと **crush** する
（クラッシ）

長い棒でドラム缶を **rap** する
（ラップ）

ドアを思いっきりバタンと **bang** する
（バング）

居眠りする生徒にチョークを **fling** する
（フリング）

ガラスの花瓶を叩きつけて **shatter** する
（シャタァ）

刃物で脇腹を **stab** する
（スタッブ）

針で耳たぶを **pierce** する
（ピアス）

鋭いナイフでベッドを **cleave** する
（クリーヴ）

5-1

□**shove** [ʃʌv]	を押す(乱暴に)	を突く
□**squash** [skwɑʃ]	を押しつぶす (柔らかいもの)	
□**crush** [krʌʃ]	を押しつぶす (外からの圧力で)	
□**rap** [ræp]	をコツコツたたく	名コツコツとたたくこと
□**bang** [bæŋ]	をバタンと閉める	を叩きつける
□**fling** [flɪŋ]	を投げつける	を投げる 名ほうり投げること
□**shatter** [ʃætər]	を粉々にする	粉々になる
□**stab** [stæb]	を刃物で刺す(人・体)	
□**pierce** [pɪərs]	を突き通す	に穴を開ける を見抜く
□**cleave** [kli:v]	を切り裂く	を割る を切り開く(道など)

動詞

パーティー

ようやく大作の映画を **complete**(コンプリート) する

パーティーを開いて映画の完成を **celebrate**(セレブレイト) する

祝賀パーティーを多くの人に **communicate**(コミュニケイト) する

業界関係者がたくさん **assemble**(アセンブル) する

各界の著名人も **participate**(パーティスィペイト) する

今話題の美人女優が **appear**(アピア) する

映画が上映され、みんな作品に **admire**(アドゥマイア) する

映画の上映が終わり、一同 **applaud**(アプロードゥ) する

そして、素晴しい作品を **praise**(プレイズ) する

監督、挨拶でステージに **mount**(マウント) する

5-2

complete [kəmplíːt]	を完成させる	を仕上げる / 形完全な
celebrate [séləbrèit]	を祝う (式典・パーティーで)	をほめたたえる
communicate [kəmjúːnəkèit]	を知らせる	通信する
assemble [əsémbl]	集まる (人々が)	を集める / を組み立てる
participate [pɑːrtísəpèit]	参加する	加わる
appear [əpíər]	現れる	出演する / 見える
admire [ədmáiər]	に感嘆する	に感心する / を称賛する
applaud [əplɔ́ːd]	拍手喝采する	
praise [preiz]	を称賛する	をほめたたえる / 名称賛
mount [maunt]	に登る (形式的語)	に乗る / を取り付ける

動詞

商売

お店で商品を **retail**（リーティル）する

製造業者が小売業者に商品を **consign**（コンサイン）する

その日の売り上げを **estimate**（エスティメイト）する

販売におけるコストを **quote**（クウォット）する

お店の売り上げが徐々に **decrease**（ディクリース）する

積極的に商品販売に **strive**（ストゥライヴ）する

高めに設定した商品の価格を **reduce**（リデュース）する

他店より安く価格を **lower**（ロゥア）する

チラシによる宣伝を **attempt**（アテン(プ)ト）する

努力の甲斐あって利益を **gain**（ゲイン）する

5-3

retail [ríːteil]	を小売りする	小売りされる 图小売り
consign [kənsáin]	を委託する(商品)	を発送する(商品)
estimate [éstəmèit]	を見積もる(費用・時間など)	を評価する
quote [kwout]	を見積もる(価格・費用など)	を引用する を示す
decrease [dikríːs]	減少する	を減らす
strive [straiv]	努力する(形式的語)	励む
reduce [rid(j)úːs]	を下げる(減らす)	を減らす を縮小する
lower [lóuər]	を下げる(低くする)	形より低い 形下のほうの
attempt [ətémpt]	を試みる	を企てる 图企み
gain [gein]	を得る	を増す(速度・重量など)

名詞

場所

農村に点在する **farmhouse**（ファームハウス）

街の郊外に密集する **housing complex**（ハウズィング カンプレックス）

小さい子供を預かる **day-care center**（デイケア センタァ）

講演に使う大学の **auditorium**（オーディトーリアム）

陸上競技を行う **arena**（アリーナ）

イルカショーを行う **aquarium**（アクウェ(ア)リアム）

お墓が立ち並ぶ **cemetery**（セメテリィ）

観光で訪れる **the sights**（ザ サイッツ）

東京やニューヨークに代表される **metropolis**（ミトゥラポリス）

大都市にそびえ建つ **skyscraper**（スカイスクレイパァ）

5-4

☐ **farmhouse** [fáːrmhàus]	農家	
☐ **housing complex** [háuziŋ kámplèks]	住宅団地	
☐ **day-care center** [déi-kèər séntər]	託児所	
☐ **auditorium** [ɔ̀ːdətɔ́ːriəm]	講堂	観客席
☐ **arena** [əríːnə]	試合場	競技場
☐ **aquarium** [əkwɛ́(ə)riəm]	水族館	
☐ **cemetery** [sémətèri]	共同墓地	
☐ **the sights** [ðə saits]	名所	
☐ **metropolis** [mitrápəlis]	大都市	首都 巨大な都市
☐ **skyscraper** [skáiskrèipər]	摩天楼	超高層ビル

名詞

出産

コンドームの使用による **contraception**
（カントゥラセプション）

女性が受胎する **pregnancy**
（プレグナンスィ）

毎月女性に訪れる **menstruation**
（メンストゥルエイション）

受精した卵子を宿す **womb**
（ウーム）

胎児を調べる **ultrasound exam**
（アルトゥラサウンド イグザム）

望まない妊娠で処置する **abortion**
（アボーション）

妊娠途中で胎児をなくす **miscarriage**
（ミスキャリヂ）

出産直前に起こる痛みの **labor**
（レイバァ）

待望の子供を産む **childbirth**
（チャイルドゥバース）

お腹を切って出産する **Caesarean**
（スィゼ（ア）リアン）

5-5

contraception [kàntrəsépʃən]	避妊	
pregnancy [prégnənsi]	妊娠	
menstruation [mènstruéiʃən]	月経	
womb [wu:m]	子宮	
ultrasound exam [ʌ̀ltrəsaúnd igzǽm]	超音波検査	
abortion [əbɔ́:rʃən]	中絶	
miscarriage [miskǽridʒ]	流産	早産 失策
labor [léibər]	陣痛	労働 動労働する
childbirth [tʃáildbè:rθ]	出産	
Caesarean [sizé(ə)riən]	帝王切開	

名詞

人2

顔見知りで友達の **acquaintance**（アクウェインタンス）

一緒によく遊ぶ仲のいい **companion**（コンパニョン）

同じ会社で働く **colleague**（カリーグ）

同じ年に卒業した **peer**（ピア）

何をするにも一緒の **buddy**（バディ）

昔命を助けてもらった **benefactor**（ベネファクタァ）

自分の身元を保証する **reference**（レフ(ェ)レンス）

近所に住む同じ町の **dweller**（ドゥウェラァ）

いつも店に来てくれる **regular customer**（レギュラァ カスタマァ）

大学を卒業した **graduate**（グラヂュエト）

5-6

acquaintance [əkwéintəns]	知人	知り合い
companion [kəmpǽnjən]	仲間	友達
colleague [káli:g]	同僚	仲間
peer [piər]	同輩	仲間 同等の人
buddy [bʌ́di]	相棒	仲間 親友
benefactor [bénəfæktər]	恩人	後援者 寄進者
reference [réf(ə)rəns]	身元保証人	
dweller [dwélər]	住人	住居者
regular customer [régjulər kʌ́stəmər]	常連客	
graduate [grǽdʒuət]	卒業生	

名詞

商品 3

市場に出回る商品の **sort**
_{ソート}

商品の品質を約束する **guarantee**
_{ギャランティー}

商品の破損に対する **warranty**
_{ウォ(ー)ランティ}

保証が有効な **warranty period**
_{ウォ(ー)ランティ ピ(ア)リオド}

故障する商品の **defect**
_{ディーフェクト}

消費者から寄せられる **complaint**
_{コンプレイント}

ユーザーに対する **apology**
_{アパロディ}

早急に対処する商品の **callback**
_{コールバック}

別商品の取り替えによる **compensation**
_{カンペンセイション}

企業に課せられた補償の **obligation**
_{アブリゲイション}

5-7

☐ **sort** [sɔ:rt]	種類	動を分類する
☐ **guarantee** [gærəntí:]	保証(公式な)	動を保証する
☐ **warranty** [wɔ́(:)rənti]	保証(特に商品の)	保証書
☐ **warranty period** [wɔ́(:)rənti pí(ə)riəd]	保証期間	
☐ **defect** [dí:fect]	欠陥	欠点 弱点
☐ **complaint** [kəmpléint]	苦情	不平
☐ **apology** [əpálədʒi]	謝罪	
☐ **callback** [kɔ́:lbæk]	回収	
☐ **compensation** [kàmpenséiʃən]	補償	賠償 賠償金
☐ **obligation** [àbləgéiʃən]	義務	恩義

名詞

経理

会社の収支を事務処理する **accounting**
アカウンディング

経理で記載する **bookkeeping**
ブッキーピング

売掛金と買掛金を記入する **balance sheet**
バランスシート

会社の収入に対する **outgo**
アウトゥゴゥ

会社運営でかかる費用の **expenses**
イクスペンスィズ

どうしてもかかる費用の **necessary expenses**
ネセセリィ イクスペンスィズ

固定費で比重の重い **personnel expenses**
パーソナル イクスペンスィズ

会社の収益勘定をする **account settlement**
アカウント セトゥルメント

年に二回迎える **fiscal term**
フィスカル ターム

決算で提出する **report on final accounts**
リポート オン ファイナル アカウンツ

5-8

☐ **accounting** [əkáuntiŋ]	経理	会計
☐ **bookkeeping** [búkkì:piŋ]	簿記	
☐ **balance sheet** [bǽləns ʃí:t]	貸借対照表	
☐ **outgo** [áutgòu]	支出	出費
☐ **expenses** [ikspén(t)siz]	経費(複数形で)	費用
☐ **necessary expenses** [nésəsèri ikspénsiz]	必要経費	
☐ **personnel expenses** [pə̀:rs(ə)nel ikspénsiz]	人件費	
☐ **account settlement** [əkáunt sétlmənt]	決算	
☐ **fiscal term** [fískəl tə́:rm]	決算期	
☐ **report on final accounts** [ripɔ́:rt ən fáin(ə)l əkáunts]	決算報告書	

形容詞

部屋

安く貸し出された **furnished** なアパート
（ファ〜ニシト）

ゴミだらけの **messy** な部屋
（メスィ）

掃除されたことのない **dirty** な部屋
（ダ〜ティ）

日の入らない **dim** な部屋
（ディム）

雨戸の閉ざされた **pitch-dark** な部屋
（ピチダーク）

カビがはえた **damp** な部屋
（ダンプ）

使いにくくて **inconvenient** な部屋
（インコンヴィーニェント）

居心地が悪く **restless** な部屋
（レストゥレス）

体が凍える **chilly** な部屋
（チリィ）

幽霊が出る **fearful** な部屋
（フィアフル）

5-9

☐ **furnished** [fə́:rniʃt]	家具付きの	
☐ **messy** [mési]	取り散らかした	汚い
☐ **dirty** [də́:rti]	汚い	卑劣な
☐ **dim** [dim]	薄暗い	ぼやけた かすんだ
☐ **pitch-dark** [pítʃdɑ́:rk]	まっ暗な	
☐ **damp** [dæmp]	湿っぽい	湿り気のある
☐ **inconvenient** [ìnkənví:njənt]	不便な	都合の悪い やっかいな
☐ **restless** [réstlis]	落ち着かない	そわそわした 不安な
☐ **chilly** [tʃíli]	寒い	冷たい
☐ **fearful** [fíərfəl]	恐ろしい	

形容詞

人間 2

昔つきあっていた **former**(フォマァ) な彼女

潜在的に力を持った **capable**(ケイパブル) なスポーツ選手

能率的に仕事ができる **efficient**(イフィシェント) な従業員

人づきあいの好きな **competent**(カンペテント) なセールスマン

視線の優しい **bland**(ブランド) な和尚

好き嫌いの激しい **extreme**(イクストゥリーム) な監督

手術の下手な **clumsy**(クラムズィ) な外科医

プレゼントをもらって **pleased**(プリーズド) な子供

人間性がほとばしる **mature**(マテュア) な老人

大統領の地位に登りつめた **supreme**(ス(ュ)(ー)プリーム) な人間

5-10

☐ **former** [fɔ́:rmər]	以前の	昔の
☐ **capable** [kéipəbl]	有能な (潜在的に能力が備わっている)	
☐ **efficient** [ifíʃənt]	有能な (能率的にできる)	能率的な 効果的な
☐ **competent** [kámpətənt]	適性のある	有能な 力量のある
☐ **bland** [blænd]	穏やかな	感動のない 味の薄い
☐ **extreme** [ikstrí:m]	極端な	過激な 名極端
☐ **clumsy** [klámzi]	不器用な	
☐ **pleased** [pli:zd]	喜んでいる	満足した うれしい
☐ **mature** [mət(j)úər]	円熟した	成熟した
☐ **supreme** [s(j)u(:)prí:m]	最高の	最高位の

SECTION 6

6-1 ● その他の動作1[動詞]

6-2 ● 芸能ニュース[動詞]

6-3 ● 会社[動詞]

6-4 ● 交通[名詞]

6-5 ● 医療[名詞]

6-6 ● 人3[名詞]

6-7 ● 価格[名詞]

6-8 ● 契約1[名詞]

6-9 ● 建物[形容詞]

6-10 ● 知的な人間[形容詞]

動詞
その他の動作 1

ハックションと sneeze する

風邪でズズッと sniffle する

背中をボリボリと scratch する

コチョコチョと脇腹を tickle する

腕の袖をクルクルと tuck する

ガックリと肩を shrug する

バッタリとソファーに recline する

ポロポロと目から weep する

ギューッと子供を hug する

ブチューと熱く smooch する

6-1

□ **sneeze** [sni:z]	くしゃみをする	图くしゃみ
□ **sniffle** [snífl]	鼻をすする	泣きじゃくる
□ **scratch** [skrætʃ]	をひっかく	を取り消す
□ **tickle** [tíkl]	をくすぐる	をうれしがらせる
□ **tuck** [tʌk]	をまくる	をまくり上げる
□ **shrug** [ʃrʌg]	をすくめる(肩)	
□ **recline** [rikláin]	もたれかかる	横たわる
□ **weep** [wi:p]	涙を流す	泣く
□ **hug** [hʌg]	を抱きしめる	图抱きしめ
□ **smooch** [smu:tʃ]	キスをする(抱き合って)	

動詞

芸能ニュース

タレントA氏、特定の女性と **associate**(アソウシエイト) する

A氏、女性との交際で人目を **avoid**(アヴォイド) する

A氏、交際を誰にも知らせず **conceal**(コンスィール) する

A氏、交際を親しい友人にふと **disclose**(ディスクロウズ) する

A氏、交際相手の名前を友人に **confide**(コンファイド) する

友人、その秘密をマスコミに **reveal**(リヴィール) する

マスコミ、その事実を週刊誌で **expose**(イクスポウズ) する

マスコミ、記事を脚色し **distort**(ディストート) する

週刊誌、事実をおおげさに **slant**(スラント) する

A氏、取材でその事実を **deny**(ディナイ) する

6-2

□ **associate** [əsóuʃièit]	交際する	つきあう
□ **avoid** [əvɔ́id]	を避ける	をよける
□ **conceal** [kənsíːl]	を秘密にする	を隠す
□ **disclose** [disklóuz]	を漏らす(文語的)	を打ち明ける をあらわにする
□ **confide** [kənfáid]	を打ち明ける	
□ **reveal** [rivíːl]	を漏らす(くだけた言い方)	を現す
□ **expose** [ikspóuz]	を暴露する(悪事など)	にさらす
□ **distort** [distɔ́ːrt]	をゆがめて伝える	をゆがめる(顔・形など) ねじる
□ **slant** [slǽnt]	をゆがめて書く	を傾ける 傾斜する
□ **deny** [dinái]	を否定する	を否認する

動詞

会社

本社と工場を **segregate** する

本社を地方から東京に **relocate** する

会社の設備を東京に **transfer** する

従来の会社の組織を解体し **reorganize** する

各部署を編成し **organize** する

複雑だった組織を **simplify** する

大型コンピューターを導入し業務を **computerize** する

会社の古い体質を **convert** する

採算の悪い事業から **withdraw** する

見込みのある新しい事業を **originate** する

6-3

☐ **segregate** [ségrigèit]	を分離する	を隔離する
☐ **relocate** [rì:lóukeit.]	移転する	引っ越す 転居する
☐ **transfer** [trænsfə́:r]	を移す	を移転させる を運ぶ
☐ **reorganize** [rì:ɔ́:rgənàiz]	を再編成する	を改造する
☐ **organize** [ɔ́:rgənàiz]	を組織する	を編成する を系統だてる
☐ **simplify** [símpləfài]	を単純化する	を簡単にする
☐ **computerize** [kəmpjú:təràiz]	をコンピューター化する	をコンピューターで処理する
☐ **convert** [kənvə́:rt]	を変える	転向する
☐ **withdraw** [wiðdrɔ́:]	撤退する	を引っ込める を引き出す
☐ **originate** [ərídʒənèit]	を新しく始める	を起こす を考案する

名詞

交通

歩行者が渡る **pedestrian crossing**
ペデストゥリアン クロ(ー)スィング

道が十字に交わる **intersection**
インタセクション

道路の脇が崖になっている **shoulder**
ショウルダァ

長距離バスが停車する **depot**
ディーポウ

駅で切符を切る **wicket**
ウィケット

荷物を運ぶ手段としての **transportation**
トゥランスポテイション

車の運転で犯す **violation**
ヴァイオレイション

車がぶつかる **collision**
コリジョン

車が続けてぶつかる **pileup**
パイルアップ

車が大気に吐き出す **exhaust gas**
イグゾースト ギャス

6-4

pedestrian crossing [pidéstriən krɔ́(:)siŋ]	横断歩道	
intersection [ìntərsékʃən]	交差点	交差 十字路
shoulder [ʃóuldər]	路肩	肩
depot [díːpou]	待合室(長距離バスの)	駅
wicket [wíkit]	改札口	窓口 くぐり戸
transportation [trænspərtéiʃən]	輸送機関	
violation [vàiəléiʃən]	違反	違反行為 暴行
collision [kəlíʒən]	衝突	不一致
pileup [páilʌ̀p]	玉突き衝突(口語的)	
exhaust gas [igzɔ́ːst gæs]	排気ガス	

名詞

医療

医者が患者を調べる **diagnosis**　ダイアグノウスィス

血液を採取して行う **inspection**　インスペクション

便所でコップに取る **urine**　ユ(ア)リン

血液が流れる細い **blood vessel**　ブラッド ヴェセル

整体で矯正する **backbone**　バックボウン

体の発育に必要な **nutrition**　ニュートゥリション

体の臓器に転移する **cancer sells**　キャンサァ セルズ

メスを使って患部を摘出する **operation**　アペレイション

東洋医学による治療の **acupuncture**　アキュパンクチァ

病気で家計を圧迫する **medical expenses**　メディカル イクスペンスィズ

6-5

英語	意味	別の意味
diagnosis [dàiəgnóusis]	診断	診断書 / 調査
inspection [inspékʃən]	検査	
urine [jú(ə)rin]	尿	小便
blood vessel [blʌ́d vès(ə)l]	血管	
backbone [bǽkboun]	背骨	支柱
nutrition [n(j)u:tríʃən]	栄養	
cancer sells [kǽnsər sèlz]	ガン細胞(複数形で)	
operation [àpəréiʃən]	手術	運営 / 運転
acupuncture [ǽkjupʌ̀ŋktʃər]	針治療	
medical expenses [médikəl ikspénsiz]	医療費(複数形で)	

名詞

人3

会合に参加する **attendant** [アテンダント]

コンテストの参加を希望する **applicant** [アプリカント]

会に責任を持つ **representative** [レプリゼンタティヴ]

国際会議に派遣される **delegate** [デレゲト]

パソコンを初めて習う **novice** [ナヴィス]

宗教の集会に集まる **believer** [ビリーヴァ]

プラカードを手に反対する **opponent** [オポウネント]

競売物件を管理する **administrator** [アドゥミニストゥレイタァ]

国に税金を納める **taxpayer** [タクスペイア]

年金で細々と生活する **pensioner** [ペンショナァ]

6-6

単語	意味1	意味2
attendant [əténdənt]	出席者	係員 / 付添人
applicant [ǽplikənt]	応募者	志願者
representative [rèprizéntətiv]	代表者(会・団体などの)	下院議員 / 形 代表の
delegate [déligit]	代表者(会議などの)	使節
novice [návis]	初心者	新米
believer [bilíːvər]	信者	信じる人
opponent [əpóunənt]	反対者	相手(競争などの) / 形 反対の
administrator [ədmínəstrèitər]	管理者	経営者 / 理事
taxpayer [tǽkspèiər]	納税者	
pensioner [pénʃənər]	年金生活者	

名詞

価格

問屋で販売される **wholesale price**
(ホウルセイル プライス)

小売店で販売される **retail price**
(リーテイル プライス)

商品に付けられた正規の **fixed price**
(フィクスト プライス)

現金で取引する **cash price**
(キャッシ プライス)

仕入れにおける値段の **purchase price**
(パーチェス プライス)

販売における値段の **selling price**
(セリング プライス)

製造でかかった値段の **cost price**
(コ(ー)スト プライス)

料金を安くする **reduction**
(リダクション)

バーゲンセールで行う **discount**
(ディスカウント)

商品の値段が記入された **price tag**
(プライス タッグ)

6-7

英語	発音	意味	
☐ **wholesale price**	[hóulsèil práis]	卸値	
☐ **retail price**	[rí:teil práis]	小売価格	
☐ **fixed price**	[fíkst práis]	定価	
☐ **cash price**	[kǽʃ práis]	現金価格	
☐ **purchase price**	[pə́:rtʃəs práis]	仕入れ価格	
☐ **selling price**	[séliŋ práis]	売値	
☐ **cost price**	[kɔ́(:)st práis]	原価	
☐ **reduction**	[ridʌ́kʃən]	割引	縮小
☐ **discount**	[dískaunt]	値引	動を割引する
☐ **price tag**	[práis tǽg]	値札	

名詞

契約 1

売買におけるお互いの **bargain**（バーゲン）

ビジネスマン同士で行う **business talk**（ビズネストーク）

取引でやり取りする **negotiation**（ネゴウシエイション）

話し合いによる意見の **accord**（アコード）

交渉における最終的な **agreement**（アグリーメント）

合意で結ぶ **contract**（カントゥラクト）

契約で踏む正式な **procedure**（プロスィーヂャ）

契約書に記された文面の **article**（アーティクル）

条項に記された様々な **terms**（タームズ）

契約が有効な **term**（ターム）

6-8

☐ **bargain** [báːrgin]	取引	安い買い物 動の交渉をする
☐ **business talk** [bíznis tɔːk]	商談	
☐ **negotiation** [nigòuʃiéiʃən]	交渉	折衝
☐ **accord** [əkɔ́ːrd]	一致	動を与える
☐ **agreement** [əgríːmənt]	合意	一致 協定
☐ **contract** [kántrækt]	契約	契約書 動を契約する
☐ **procedure** [prəsíːdʒər]	手続き	手順 処置
☐ **article** [áːrtikl]	条項	品物 記事
☐ **terms** [təːrmz]	条件(複数形で)	
☐ **term** [təːrm]	期間	任期 学期

形容詞

建物

縄文時代に建てられた **primitive**(プリミティヴ) な住居

エジプトに建てられた **ancient**(エインシェント) なピラミッド

マンハッタンに建つ **towering**(タゥ(ア)リング) な高層ビル

大理石でできた **majestic**(マチェスティク) な国会議事堂

フランス王朝をしのばせる **spectacular**(スペクタキュラァ) な宮殿

豪華な装飾が施された **splendid**(スプレンディド) な寺院

神を祭った **sacred**(セイクレド) な神殿

高貴な人の住む **noble**(ノウブル) なお屋敷

全面鏡張りの **contemporary**(コンテンポレリィ) なビル

未来を思わせる **novel**(ナヴ(ェ)ル) な建築物

6-9

単語	意味1	意味2
primitive [prímətiv]	原始の	原始的な / 未開の
ancient [éinʃənt]	古代の	非常に古い
towering [táu(ə)riŋ]	高くそびえる	そびえ立つ
majestic [mədʒéstik]	堂々とした	威厳のある / 壮大な
spectacular [spektǽkjulər]	豪華な	壮大な / 目を見張らせる
splendid [spléndid]	壮麗な	
sacred [séikrid]	神聖な	厳粛な
noble [nóubl]	貴族の	気高い / 高潔な
contemporary [kəntémpərèri]	現代的な	同時代の
novel [náv(ə)l]	斬新な	目新しい / 高潔な

形容詞
知的な人間

英語が堪能で **fluent**(フルーエント) な人間

大学院を修了した **learned**(ラ〜ニド) な人間

コツコツ勉強に励む **industrious**(インダストゥリアス) な人間

熱心に勉強に取り組む **diligent**(ディリヂ(エ)ント) な人間

何でも知っている **literate**(リタレト) な人間

頭脳をフルに活用する **intellectual**(インテレクチュアル) な人間

物事を深く洞察する **thoughtful**(ソートゥフル) な人間

知識が豊富で学識が **profound**(プロファウンド) な人間

その業界では知れ渡った **noted**(ノウティド) な人間

他よりずば抜けて秀でた **superior**(ス(ュ)(ー)ピ(ア)リア) な人間

6-10

単語	意味1	意味2
fluent [flúːənt]	流暢な	
learned [lə́ːrnid]	学問のある	博識の
industrious [indʌ́striəs]	勤勉な（性格・日頃の様子が）	
diligent [dílədʒ(ə)nt]	勤勉な（熱心な様子）	
literate [lít(ə)rət]	博学な	読み書きのできる／学識のある
intellectual [ìntəléktʃuəl]	知性的な	知性に関する／图知識人
thoughtful [θɔ́ːtfəl]	思慮深い	思いやりのある
profound [prəfáund]	深い（学識・悲しみなどが）	深慮な／心底からの
noted [nóutid]	有名な	著名な
superior [s(j)u(ː)pí(ə)riər]	優れた	

SECTION 7

7-1 ● その他の動作 2 [動詞]

7-2 ● 社会生活 1 [動詞]

7-3 ● 企業 3 [動詞]

7-4 ● 空港 [名詞]

7-5 ● 職業 [名詞]

7-6 ● マイナスのこころ 1 [名詞]

7-7 ● 販売 [名詞]

7-8 ● 貿易 [名詞]

7-9 ● 外観 [形容詞]

7-10 ● 愛される人 [形容詞]

動詞
その他の動作 2

ハサミで新聞記事を **clip**(クリップ) する

名札を胸に **attach**(アタッチ) する

食べすぎでズボンのベルトを **loosen**(ルースン) する

パタパタと扇子を **fan**(ファン) する

険しい岩山を **scramble**(スクランブル) する

岩場から海にドボンと **plunge**(プランヂ) する

相手の胸ぐらをグイッと **seize**(スィーズ) する

突進してくる通行人をヒラリと **dodge**(ダッヂ) する

我が子をギュッと強く **embrace**(エンブレイス) する

友人を喫茶店で **await**(アウェイト) する

7-1

□ **clip** [klip]	を切りぬく(ハサミで)	を刈る 名切り抜き
□ **attach** [ətætʃ]	をつける	を取りつける
□ **loosen** [lúːsn]	をゆるめる	をほどく
□ **fan** [fæn]	を扇ぐ	名扇風機
□ **scramble** [skrǽmbl]	よじ登る	を奪い合う 名奪い合い
□ **plunge** [plʌndʒ]	飛び込む	
□ **seize** [siːz]	をつかむ(急に強く)	を襲う を奪う
□ **dodge** [dɑdʒ]	をよける	ひらりと身をかわす
□ **embrace** [imbréis]	を抱きしめる	を抱擁する 名抱擁
□ **await** [əwéit]	を待つ(形式的語)	

動詞
社会生活 1

会社が不当な理由で自分を **dismiss** する

不正がばれ会社を **resign** する

人材派遣会社に名前を **register** する

気乗りしない会社の申し出を **refuse** する

新しく車を **purchase** する

車に任意の保険を **insure** する

突然の事故で損害を **suffer** する

税理士と納税について **confer** する

税金から子供の医療費を **deduct** する

税金の申告書を税務所に **present** する

7-2

単語	意味1	意味2
dismiss [dismís]	を解雇する	
resign [rizáin]	を辞職する	を辞任する
register [rédʒistər]	を登録する	を書留にする 名登録簿
refuse [rèfjúːs]	を断る	を拒絶する
purchase [pɔ́ːrtʃəs]	を購入する	を買う 名購入
insure [inʃúər]	に保険をかける	に保険をつける
suffer [sʌ́fər]	を受ける（苦痛・損害など）	苦しむ
confer [kənfə́ːr]	相談する	協議する
deduct [didʌ́kt]	を控除する	
present [prizént]	を提出する	を贈る を紹介する

動詞

企業 3

個人経営の会社を **incorporate** する
_{インコーポレイト}

新しく設立する会社に資本を **capitalize** する
_{キャピタライズ}

企業は資金を資本家から **raise** する
_{レイズ}

利害の一致する会社が **merge** する
_{マ～ヂ}

下請け会社を買収し **absorb** する
_{アブソーブ}

資金力で一手に商品を **corner** する
_{コーナァ}

唯一の商品で市場を **monopolize** する
_{モナポライズ}

会社の業績が飛躍し **mushroom** する
_{マシル(ー)ム}

業績が下がらないように **maintain** する
_{メインテイン}

徐々に業績が下降し **deteriorate** する
_{ディティ(ア)リオレイト}

7-3

☐ **incorporate** [inkɔ́ːrpərèit]	を株式会社にする	を合弁させる を法人にする
☐ **capitalize** [kǽpət(ə)làiz]	に資本を出す	を資本化する を利用する
☐ **raise** [reiz]	を集める(金・資本など)	を上げる 名 昇給
☐ **merge** [məːrdʒ]	合弁する	
☐ **absorb** [əbsɔ́ːrb]	を吸収する	を併合する を夢中にさせる
☐ **corner** [kɔ́ːrnər]	を買い占める	角を曲がる 名 角
☐ **monopolize** [mənápəlàiz]	を独占する	の独占権を得る
☐ **mushroom** [mʌ́ʃru(ː)m]	急成長する	名 キノコ
☐ **maintain** [meintéin]	を維持する	を続ける を主張する
☐ **deteriorate** [ditíə(ə)riərèit]	悪化する	低下する

名詞

空港

旅行者が集まる空港の **concourse**（カンコース）

東京とニューヨークを往復する **liner**（ライナァ）

飛行機の搭乗で支払う **airfare**（エアフェア）

一般料金で搭乗する **coach**（コウチ）

パイロットが操縦する **cockpit**（カクピト）

飛行機が上昇して上がる **altitude**（アルティテュード）

突然に飛行機を揺らす **air turbulence**（エアター〜ビュレンス）

機内で嘔吐する **airsick**（エアスイク）

入国でパスポートを見せる **entry inspection**（エントゥリィ インスペクション）

税関で荷物を調べる **customs inspection**（カスタムズ インスペクション）

164

7-4

concourse [káŋkɔ:rs]	中央ホール (空港駅などの)	集まり 群衆
liner [láinər]	定期旅客機	定期船
airfare [ɛ́ərfɛ̀ər]	航空運賃	
coach [kóutʃ]	エコノミークラス	客車 動をコーチする
cockpit [kákpìt]	操縦室	
altitude [ǽltit(j)ù:d]	高度	海抜 高さ(底辺からの)
air turbulence [ɛ́ər tə́:rbjuləns]	乱気流	
airsick [ɛ́ərsík]	飛行機酔い	
entry inspection [éntri inspékʃən]	入国審査	
customs inspection [kʌ́stəmz inspékʃən]	税関検査	

名詞

職業

オリンピックに参加する **athlete** [アスリート]

森林を警備する **ranger** [レインヂァ]

スペースシャトルに乗り込む **astronaut** [アストゥロノート]

テレビのニュースを取材する **anchorman** [アンカァマン]

大学で教鞭をとる **professor** [プロフェサァ]

税金の計算を行う **accountant** [アカウンタント]

世界経済を研究する **economist** [イカノミスト]

バイオテクノロジーを研究する **chemist** [ケミスト]

外国と外交を行う **diplomat** [ディプロマト]

テレビ取材で海外に派遣される **correspondent** [コ(ー)レスパンデント]

166

7-5

□ **athlete** [ǽθli:t]	運動選手	
□ **ranger** [réindʒər]	森林巡視員	レーンジャー
□ **astronaut** [ǽstrənɔ̀:t]	宇宙飛行士	
□ **anchorman** [ǽŋkərmæ̀n]	ニュースキャスター	
□ **professor** [prəfésər]	教授	
□ **accountant** [əkáuntənt]	会計士	
□ **economist** [ikánəmist]	経済学者	
□ **chemist** [kémist]	化学者	
□ **diplomat** [dípləmæ̀t]	外交官	
□ **correspondent** [kɔ̀(:)respándənt]	特派員	通信員

名詞

マイナスのこころ 1

何ら興味を持たない **indifference**（インディフ(ァ)レンス）

相手に対して反発する **antipathy**（アンティパスィ）

幸せな人に抱く **envy**（エンヴィ）

心をかきむしる **agony**（アゴニィ）

心が切り裂かれる **anguish**（アングウィシ）

愛する人を亡くした **sorrow**（サロウ）

怒りで爆発する **rage**（レイヂ）

何者かに脅迫を受ける **terror**（テラァ）

期待を裏切られて落胆する **disappointment**（ディサポイントゥメント）

生きる望みをなくす **despair**（ディスペア）

7-6

indifference [indíf(ə)rəns]	無関心	
antipathy [æntípəθi]	反感	
envy [énvi]	ねたみ	うらやみ 動うらやむ
agony [ǽgəni]	苦悩	苦悶
anguish [ǽŋgwiʃ]	激しい苦痛(心身の)	苦悩
sorrow [sárou]	悲しみ	悲しいこと
rage [reidʒ]	激怒	猛威
terror [térər]	恐怖	テロ行為
disappointment [disəpɔ́intmənt]	失望	
despair [dispéər]	絶望	動絶望する

名詞

販売

販売で商品を強調する **selling point**
（セリング ポイント）

割り引いて商品を売る **reduction sale**
（リダクション セイル）

商品を売り尽くした **sellout**
（セラウト）

顧客に請求する手間賃としての **handling charge**
（ハンドリング チャーヂ）

配達にかかる費用の **delivery charge**
（ディリヴ(ァ)リィ チャーヂ）

無料で配達する **free delivery**
（フリー ディリヴ(ァ)リィ）

無料で配達できるエリアの **delivery zone**
（ディリヴ(ァ)リィ ゾウン）

商品の購入をやめる **cancellation**
（キャンセレイション）

顧客から引き取った **trade-in**
（トゥレイディン）

販売促進で配る **voucher**
（ヴァウチァ）

7-7

selling point [sélɪŋ pɔ́int]	セールスポイント	
reduction sale [ridʌ́kʃən seil]	割引販売	
sellout [séláut]	売り切れ	裏切り
handling charge [hǽndliŋ tʃɑːrdʒ]	手数料	
delivery charge [dilív(ə)ri tʃɑːrdʒ]	配達料	
free delivery [fríː dilív(ə)ri]	無料配達	
delivery zone [dilív(ə)ri zoun]	配達区域	
cancellation [kæ̀nsəléiʃən]	取り消し	キャンセル
trade-in [tréidìn]	下取り品	
voucher [váutʃər]	割引券	クーポン券

名詞

貿易

貿易で荷物を送る **shipment**
シプメント

トラックによる荷物の **shipping**
シピング

輸送でかかる費用の **shipping charge**
シピングチャーヂ

海外と取引する **foreign trade**
フォ(ー)リン トゥレイド

自由に行う貿易の **free trade**
フリー トゥレイド

貿易で輸入を規制する **protective trade**
プロテクティヴ トゥレイド

原料を輸入し製品を輸出する **improvement trade**
インプルーヴメント トゥレイド

貿易で赤字になる **trade deficit**
トゥレイド デフィスィット

貿易で黒字になる **trade surplus**
トゥレイド サ～プラス

貿易不均衡でおこる **trade conflict**
トゥレイド カンフリクト

7-8

☐ **shipment** [ʃípmənt]	出荷	発送した荷物 積み荷
☐ **shipping** [ʃípiŋ]	輸送	運送 船積み
☐ **shipping charge** [ʃípiŋ tʃáːrdʒ]	輸送費	
☐ **foreign trade** [fɔ(ː)rin tréid]	対外貿易	
☐ **free trade** [fríː trèid]	自由貿易	
☐ **protective trade** [prətéktiv trèid]	保護貿易	
☐ **improvement trade** [imprúːvmənt trèid]	加工貿易	
☐ **trade deficit** [tréid défisit]	貿易赤字	
☐ **trade surplus** [tréid sɔ́ːrpləs]	貿易黒字	
☐ **trade conflict** [tréid kánflikt]	貿易摩擦	

形容詞

外観

カメラにおさめる **scenic**(スィーニク) な風景

アルプス山頂から眺める **magnificent**(マグニフィスント) な風景

見渡す限り広がる **grand**(グランド) な渓谷

はるか彼方に続く **vast**(ヴァスト) な砂漠

奈良の東大寺にある **enormous**(イノーマス) な大仏

エジプトにある **huge**(ヒューヂ) なピラミッド

ビルに取り付けられた **sizable**(サイザブル) なテレビ画面

そそり立つ **steep**(スティープ) な崖

ゆるやかで **gentle**(ヂェントゥル) な丘陵

起伏のない **level**(レヴ(ェ)ル) な地面

7-9

☐ **scenic** [síːnik]	景色のよい	風景の
☐ **magnificent** [mægnífəsnt]	壮大な(豪華さを伴う)	すばらしい
☐ **grand** [grænd]	壮大な (物理的に大きい)	偉大な 主要な
☐ **vast** [væst]	広大な	莫大な
☐ **enormous** [inɔ́ːrməs]	巨大な (並はずれて大きい)	非常に大きい
☐ **huge** [hjuːdʒ]	非常に大きい (一般的な語)	巨大な
☐ **sizable** [sáizəbl]	かなり大きい	相当な
☐ **steep** [stiːp]	険しい	
☐ **gentle** [dʒéntl]	なだらかな	優しい 穏やかな
☐ **level** [lév(ə)l]	平らな	名水平 動を水平にする

形容詞

愛される人

元気いっぱいの **jolly**(チャリィ) な人

側にいて楽しくなる **delightful**(ディライトゥフル) な人

将来のことを心配しない **optimistic**(アプティミスティク) な人

相手の心をいたわる **gracious**(グレイシャス) な人

いつも笑顔で応対する **pleasant**(プレズント) な人

食事をよく奢ってくれる **generous**(チェネラス) な人

素直に意見を述べる **upright**(アプライト) な人

育ちのよさが漂う **graceful**(グレイスフル) な人

心の温もりを感じる **fond**(ファンド) な人

義理人情にあつい **benevolent**(ベネヴ(ォ)レント) な人

7-10

☐ **jolly** [dʒáli]	快活な	愉快な 陽気な
☐ **delightful** [diláitfəl]	非常に愉快な	
☐ **optimistic** [àptəmístik]	楽天的な	
☐ **gracious** [gréiʃəs]	優しい	愛想のいい 親切な
☐ **pleasant** [pléz(ə)nt]	愛想のよい	愉快な 楽しい
☐ **generous** [dʒén(ə)rəs]	気前のよい	寛大な 高潔な
☐ **upright** [ʌ́pràit]	正直な	直立した 公正な
☐ **graceful** [gréisfəl]	上品な	優雅な 気品のある
☐ **fond** [fɑnd]	愛情深い	優しい 心からの
☐ **benevolent** [bənév(ə)lənt]	情け深い	慈悲深い 善意の

SECTION 8

- 8-1 ● 出勤 [動詞]
- 8-2 ● 記者会見 [動詞]
- 8-3 ● 経営2 [動詞]
- 8-4 ● 日常生活 [名詞]
- 8-5 ● 抽象2 [名詞]
- 8-6 ● サラリーマン [名詞]
- 8-7 ● 雇用 [名詞]
- 8-8 ● 宣伝 [名詞]
- 8-9 ● 商品4 [形容詞]
- 8-10 ● 好かれない人 [形容詞]

動詞

出勤

目覚ましに気付かず **oversleep** する
オウヴァスリープ

ゴシゴシと目を **rub** する
ラヴ

目をパチクリと **blink** する
ブリンク

あくびをこらえ **stifle** する
スタイフル

車に乗りシートベルトを **fasten** する
ファスン

ベルトをきつく **tighten** する
タイトゥン

ガソリンスタンドに立ち寄り **refuel** する
リーフューエル

マナーの悪い前の車に **honk** する
ハンク

突然タイヤが破裂し **puncture** する
パン(ク)チァ

車を止め、シートベルトを **unfasten** する
アンファスン

8-1

単語	意味1	意味2
oversleep [òuvərslíːp]	寝過ごす	
rub [rʌb]	をこする	を摩擦する
blink [blíŋk]	まばたきする	またたく / ぴかぴか光る (星などが)
stifle [stáifl]	をかみ殺す(抑える)	を鎮圧する
fasten [fǽsn]	をしっかり留める	を固定する
tighten [táitn]	を締める	
refuel [rìːfjúːəl]	にガソリンを補給する	
honk [hɑŋk]	クラクションを鳴らす	图クラクション
puncture [pʌ́ŋ(k)tʃər]	パンクする	
unfasten [ʌnfǽsn]	をはずす	をほどく / はずれる

動詞

記者会見

記者会見で質問に **respond** する

カメラの前で自分の意見を **present** する

明瞭な声で記事の内容を **affirm** する

記者の質問で「それはやってない」と **declare** する

発言で自分の正当性を **emphasize** する

同じことを二度 **restate** する

記者の意見と真っ向から **clash** する

身内の立場を **defend** する

のどまで出かかった発言を **withhold** する

長く続いた記者会見を **conclude** する

8-2

☐ **respond** [rispánd]	答える	応答する
☐ **present** [prizént]	を述べる	を贈る を提供する
☐ **affirm** [əfə́ːrm]	を肯定する	を断言する
☐ **declare** [diklέər]	断言する	を宣言する の申告をする
☐ **emphasize** [émfəsàiz]	を強調する	
☐ **restate** [rìːstéit]	を再び述べる	を言いかえる
☐ **clash** [klæʃ]	衝突する	ガチャンとぶつかる
☐ **defend** [difénd]	を弁護する	を守る を防ぐ
☐ **withhold** [wiðhóuld]	を差し控える	を保留する を与えずにおく
☐ **conclude** [kənklúːd]	を終える	

動詞

経営 2

A氏は都心にホテルを **manage** する

また、レストランも **run** する

多角的に様々な事業を **administer** する

事業をさらに **enlarge** する

全国展開で事業を **expand** する

店舗数をどんどん **increase** する

それにともない従業員も **multiply** する

失敗を恐れず **advance** する

経営が順調で利益を **derive** する

巧みな経営で事業の純益を **net** する

8-3

manage [ménidʒ]	を経営する(一般的語)	を管理する / をあやつる
run [rʌn]	を経営する(口語的)	走る / を運転する
administer [ədmínəstər]	を運営する	を支配する / を執行する
enlarge [inlá:rdʒ]	を拡張する(大きさ・量)	を大きくする / を拡大する
expand [ikspǽnd]	を拡張する(範囲・規模)	を広げる / 広がる
increase [inkrí:s]	を増加する(数や量)	増える
multiply [mʌ́ltəplài]	を増やす(何倍にも)	を掛ける / どんどん増える
advance [ədvǽns]	前進する	進歩する / 名進むこと
derive [diráiv]	を引き出す(性質・利益など)	由来する
net [net]	の純益を上げる	形正味の

185

名詞
日常生活

日常生活における毎日の **livelihood**
<ライヴリフド>

生計でお金が出る **expense**
<イクスペンス>

過疎地に住む生活の **inconvenience**
<インコンヴィーニェンス>

都会に住む生活の **convenience**
<コンヴィーニェンス>

親から相続した遺産の **possession**
<ポゼション>

泥棒に入られないための **caution**
<コーション>

地震に備えての食糧の **provision**
<プロヴィジョン>

隣近所の生活レベルの **comparison**
<コンパリスン>

各家庭がかかえる様々な **circumstance**
<サ〜カムスタンス>

突然の出火で119番する **emergency**
<イマ〜ヂェンスィ>

livelihood [láivlihùd]	暮らし	生計
expense [ikspéns]	出費	支出
inconvenience [inkənví:njəns]	不便	迷惑
convenience [kənví:njəns]	便利	好都合
possession [pəzéʃən]	所有	所有物
caution [kɔ́:ʃən]	用心	警告 動 警告する
provision [prəvíʒən]	準備	規定 食糧(複数形で)
comparison [kəmpǽrisn]	比較	
circumstance [sə́:rkəmstæns]	事情	状況 境遇(複数形で)
emergency [imə́:rdʒənsi]	緊急事態	非常の場合

名詞

抽象 2

子供が行動できる **extent**（イクステント）

心臓が脈を打つ **interval**（インタヴ(ァ)ル）

永遠に限りなく続く **infinity**（インフィニティ）

そのものが持っている性質の **attribute**（アトゥリビュート）

物を引っぱるときに加える **strength**（ストゥレング(ク)ス）

部屋に漂う沈うつな **atmosphere**（アトゥモスフィア）

問題が引き起こされた後の **consequence**（カンスィクウェンス）

流れをいったん止める **pause**（ポーズ）

どうしてもクリアすべき **requirement**（リクワイアメント）

自分がそこに居たことを示す **proof**（プルーフ）

188

8-5

単語	意味1	意味2
extent [ikstént]	範囲 限度	広さ
interval [íntərv(ə)l]	間隔	隔たり
infinity [infínəti]	無限	
attribute [ǽtrəbjùːt]	属性	
strength [streŋ(k)θ]	強さ	力 体力
atmosphere [ǽtməsfìər]	雰囲気	大気(theをつけて)
consequence [kánsəkwèns]	結果	影響
pause [pɔːz]	中断	小休止
requirement [rikwáiərmənt]	必要条件	必要なもの
proof [pruːf]	証拠	試し 校正刷り

名詞

サラリーマン

会社で働く **office worker** (オーフィス ワ〜カァ)

正式な契約で働く **full-time worker** (フル タイム ワ〜カァ)

新しく入社した **new employee** (ニュー エンプロイイー)

会社に雇われて働く **company employee** (カンパニィ エンプロイイー)

一般会社員として働く **salaried worker** (サラリド ワ〜カァ)

限られた時間で働く **part-time worker** (パート タイム ワ〜カァ)

国や市の機関で働く **public employee** (パブリク エンプロイイー)

役所で働く **personnel** (パ〜ソネル)

上司の下で働く **subordinate** (サボーディネト)

たくさんの部下をかかえる **superior** (ス(ュ)(ー)ピ(ア)リア)

190

8-6

office worker [ɔ́(:)fis wə̀:rkər]	会社員
full-time worker [fúltáim wə́:rkər]	正社員
new employee [n(j)ú: implɔií:]	新入社員
company employee [kʌ́mp(ə)ni implɔií:]	会社従業員
salaried worker [sǽlərid wə́rkər]	サラリーマン
part-time worker [pá:rttáim wə́rkər]	パートタイマー
public employee [pʌ́blik implɔií:]	公務員
personnel [pə̀:rsənél]	職員 / 人員 / 隊員
subordinate [səbɔ́:rd(ə)nit]	部下 / 形下位の
superior [s(j)u(:)pí(ə)riər]	上司 / 目上の人 / 形上位の

名詞

雇用

企業が求める質のいい **human resources**
（ヒューマン リーソースィズ）

広告を出して社員を集める **job offer**
（ヂャブ オ(ー)ファ）

新入社員を広く集める **recruitment**
（リクルートゥメント）

なかなか社員が集まらない **labor shortage**
（レイバァ ショーテヂ）

求職者の会社への **application**
（アプリケイション）

会社が社員を雇う **employment**
（エンプロイメント）

社員を辞めさせる **dismissal**
（ディスミサル）

会社を自主的に辞める **resignation**
（レズィグネイション）

定年を迎えて辞める **retirement**
（リタイアメント）

希望して会社を辞める **voluntary retirement**
（ヴァランテリィ リタイアメント）

8-7

□ **human resources** [hjú:mən rí:sɔːrsiz]	人材(複数形で)	
□ **job offer** [dʒáb ɔ́(ː)fər]	求人	
□ **recruitment** [rikrú:tmənt]	募集	新兵の募集
□ **labor shortage** [léibər ʃɔ́ːrtidʒ]	求人難	
□ **application** [æpləkéiʃən]	応募	応用 申し込み
□ **employment** [implɔ́imənt]	雇用	雇われること
□ **dismissal** [dismís(ə)l]	解雇	免職
□ **resignation** [rèzignéiʃən]	辞職	辞任 断念
□ **retirement** [ritáiərmənt]	退職	引退 退官
□ **voluntary retirement** [váləntèri ritáiərmənt]	希望退職	

名詞

宣伝

企業が投資する広告の **advertising expenses**

広告会社に支払う **advertisement rate**

街頭で配る広告の **handbill**

朝刊と一緒に配られる **leaflet**

メールボックスに入れられる **throwaway**

印刷会社で刷られた **literature**

数多く製品を載せた **product brochure**

展示会に展示された **showpiece**

サンプルとして出された **specimen**

専門の調査員が行う **market research**

8-8

☐ **advertising expenses** [ǽdvərtàiziŋ ikspénsiz]	広告宣伝費(複数形で)	
☐ **advertisement rate** [ædvərtáizmənt réit]	宣伝料	
☐ **handbill** [hǽn(d)bìl]	広告ビラ	
☐ **leaflet** [líːflit]	折り込みチラシ	若葉
☐ **throwaway** [θróuəwèi]	チラシ	
☐ **literature** [lít(ə)rətʃ(u)ər]	印刷物 (広告・チラシなどの)	文学 文献
☐ **product brochure** [prádʌkt brouʃúər]	製品カタログ	
☐ **showpiece** [ʃóupìːs]	展示品	すばらしい見本
☐ **specimen** [spésəmən]	見本	標本 実例
☐ **market research** [máːrkit riːsə̀ːrtʃ]	市場調査	

形容詞

商品 4

保証書のついた **genuine**(ヂェニュイン) な商品

闇業者が販売する **false**(フォールス) な商品

他社が真似した **similar**(スィミラァ) な商品

返品された **defective**(ディフェクティヴ) な商品

会社が新たに発売する **brand-new**(ブラン(ドゥ)ニュー) な商品

どこにでも持って行ける **portable**(ポータブル) な商品

専門店で揃えられた **abundant**(アバンダント) な商品

日常生活に欠かせない **vital**(ヴァイトゥル) な商品

庶民では手の出ない **costly**(コ(ー)ストゥリィ) な商品

なかなか手に入らない **valuable**(ヴァリュアブル) な商品

□ **genuine** [dʒénjuin]	本物の	真の
□ **false** [fɔːls]	偽物の	誤った 嘘の
□ **similar** [símələr]	類似した	同じような
□ **defective** [diféktiv]	欠陥のある	欠点のある 欠いている
□ **brand-new** [brǽn(d)n(j)úː]	新製品の	新しい
□ **portable** [pɔ́ːrtəbl]	持ち運びできる	携帯用の
□ **abundant** [əbʌ́ndənt]	豊富な	たくさんの
□ **vital** [váitl]	絶対必要な	生命の きわめて需要な
□ **costly** [kɔ́(ː)stli]	高価な(値段が)	費用のかかる
□ **valuable** [vǽljuəbl]	高価な(価値のある)	貴重な 価値のある

形容詞
好かれない人

行動がスローで **sluggish**(スラギシ) な人

一日中ゴロゴロする **inert**(イナート) な人

いつもボーッとしている **hollow**(ハロウ) な人

まわりにビクビクする **timid**(ティミド) な人

ゆがんだ目で見る **cynical**(スィニカル) な人

自分の意見を曲げない **stubborn**(スタボン) な人

世間のことを何も知らない **ignorant**(イグノラント) な人

何をやらせてもとちる **incapable**(インケイパブル) な人

陰で何をやっているかわからない **dubious**(デュービアス) な人

眉間にしわを寄せイライラしている **moody**(ムーディ) な人

8-10

☐ **sluggish** [slʌ́giʃ]	のろい	無精な 不振の
☐ **inert** [iná:rt]	不活発な	のろい
☐ **hollow** [hálou]	うつろな	空っぽの 図くぼみ
☐ **timid** [tímid]	臆病な	
☐ **cynical** [sínikəl]	冷笑的な	皮肉な 世を捨てた
☐ **stubborn** [stʌ́bərn]	頑固な	強情な 扱いにくい
☐ **ignorant** [ígnərənt]	無知な	無能な
☐ **incapable** [inkéipəbl]	無能な	
☐ **dubious** [d(j)ú:biəs]	いかがわしい	怪しげな 曖昧な
☐ **moody** [mú:di]	不機嫌な	気持ちの変わり やすい

SECTION 9

9-1 ● 散歩 [動詞]

9-2 ● させる1 [動詞]

9-3 ● 工場 [動詞]

9-4 ● 社会生活2 [名詞]

9-5 ● ビジネスマン [名詞]

9-6 ● 抽象3 [名詞]

9-7 ● 勤務 [名詞]

9-8 ● 業務 [名詞]

9-9 ● 豊かな生活 [形容詞]

9-10 ● 嫌な人間 [形容詞]

動詞

散歩

なだらかな丘を **ascend** する
（アセンド）

あてどなくあたりを **stroll** する
（ストゥロウル）

元気よく **stride** する
（ストゥライド）

疲れでゼーゼーと **pant** する
（パント）

頭を下に垂れ **droop** する
（ドゥループ）

からだを前に **stoop** する
（ストゥープ）

腰を地面におろし **crouch** する
（クラウチ）

タバコに火をつけ **puff** する
（パフ）

しばらく休憩し丘を **descend** する
（ディセンド）

山道を力なく **plod** する
（プラッド）

9-1

ascend [əsénd]	を登る	
stroll [stroul]	ぶらぶら歩く	ぶらつく
stride [straid]	大またに歩く	名大またの一歩
pant [pænt]	息を切らす	あえぐ 名あえぎ
droop [dru:p]	うつむく	垂れる しおれる
stoop [stu:p]	かがめる	前かがみになる
crouch [krautʃ]	しゃがむ	かがむ
puff [pʌf]	プカプカする	プッと吹く
descend [disénd]	を降りる	を下る
plod [plɑd]	とぼとぼ歩く	コツコツ精を出して働く

動詞
させる1

うれしい知らせで人を **gratify**(グラティファイ) させる

くだらない落語で人を **bore**(ボー(ァ)) させる

くどい小言で人を **disgust**(ディスガスト) させる

だだをこねてママを **annoy**(アノイ) させる

なかなか来ないバスは人を **vex**(ヴェックス) させる

初めての経験は人を **embarrass**(エンバラス) させる

突然の大声で人を **astonish**(アスタニシ) させる

お化けの格好で人を **terrify**(テリファイ) させる

陰湿なストーカー行為で人を **frighten**(フライトゥン) させる

目をおおう惨殺死体が人を **startle**(スタートゥル) させる

9-2

gratify [grǽtəfài]	を喜ばせる	を満足させる
bore [bɔːr]	を退屈させる	をうんざりさせる 名退屈な人
disgust [disgʌ́st]	をうんざりさせる	を嫌にならせる 名嫌気
annoy [ənɔ́i]	をうるさがらせる	を困らせる をいらいらさせる
vex [veks]	をいらいらさせる (文語的)	を怒らせる
embarrass [imbǽrəs]	をまごつかせる	を困惑させる
astonish [əstániʃ]	を驚かす	をびっくりさせる
terrify [térəfài]	を恐れさせる	をぞっとさせる
frighten [fráitn]	をおびえさせる	をぎょっとさせる
startle [stáːrtl]	をぎょっとさせる	

動詞

工場

広大な敷地に工場を **construct** する
コンストゥラクト

工場をコンピューターで **automate** する
オートメイト

建設した工場で自動車を **manufacture** する
マニュファクチァ

オペレーターがコンピューターを **handle** する
ハンドゥル

車を自動化された機械で **machine** する
マシーン

たくさんの部品で車を **assemble** する
アセンブル

能率的に仕事ができるよう作業を **devise** する
ディヴァイズ

機械が故障し仕事を **interrupt** する
インタラプト

仕事の遅れをうまく **cope** する
コウプ

製造した車を港に **convey** する
コンヴェイ

9-3

単語	意味1	意味2
construct [kənstrʌ́kt]	を建設する	を組み立てる
automate [ɔ́:təmèit]	を自動化する	をオートメーション化する
manufacture [mæ̀njufǽktʃər]	を製造する	名製造
handle [hǽndl]	を操作する	に手を触れる / 名柄
machine [məʃí:n]	を機械でつくる	名機械 / 名機関
assemble [əsémbl]	を組み立てる（完成品に仕上げる）	集まる
devise [diváiz]	を工夫する（方法など）	を考案する
interrupt [ìntərʌ́pt]	を中断する	をじゃまする
cope [koup]	をうまく処理する（困難・任務など）	をうまく切りぬける
convey [kənvéi]	を運搬する（形式的語）	を運ぶ / を伝える

名詞

社会生活 2

公民館で行う町内の **session**
セッション

チームの優勝を祝う **reception**
リセプション

酒盛りをして楽しむ **banquet**
バンクウェット

新入社員が特訓で受ける **workshop**
ワークシャプ

結婚式の後の **wedding reception**
ウェディング リセプション

入学や卒業で行う **ceremony**
セレモウニィ

死者を葬る **funeral**
フューネラル

名誉ある賞を授ける **prize-giving ceremony**
プライズ ギヴィング セレモウニィ

ある会に参加する **attendance**
アテンダンス

会に出席する人の **person present**
パースン プレゼント

208

9-4

session [séʃən]	集会	開会 開廷
reception [risépʃən]	歓迎会	接待 受け取ること
banquet [bǽŋkwit]	宴会	
workshop [wə́:rkʃɑ́p]	研修会	研究会 仕事場
wedding reception [wédiŋ risépʃən]	披露宴	
ceremony [sérəmòuni]	式	儀式 礼儀
funeral [fjú:n(ə)rəl]	葬式	
prize-giving ceremony [práiz gìviŋ sérəmòuni]	授賞式	
attendance [əténdəns]	出席	付き添い
person present [pə́:rsn préz(ə)nt]	出席者	

名詞
ビジネスマン

お店で商品を販売する **salesperson** (セイルズパースン)

商品を家庭訪問で売る **vendor** (ヴェンダァ)

通りで商品を販売する **streetr vendor** (ストゥリート ヴェンダァ)

売買の仲立ちをする **middleman** (ミドゥルマン)

商品を発送する **shipper** (シパァ)

広告を依頼する **advertiser** (アドゥヴァタイザァ)

宅地を造成して家を売る **developer** (ディヴェロパ)

借金の取り立てを行う **creditor** (クレディタァ)

借金で負債を背負う **debtor** (デタァ)

お金の返済を保証する **guarantor** (ギャラントー(ァ))

9-5

salesperson [séilzpə̀:rsn]	販売員	店員
vendor [véndər]	販売人	行商人
street vendor [strí:t véndər]	露天商	
middleman [mídlmæ̀n]	仲買人	仲介者
shipper [ʃípər]	荷主	出荷者
advertiser [ǽdvərtàizər]	広告主	
developer [divéləpə]	宅地開発業者	
creditor [kréditər]	債権者	
debtor [détər]	債務者	借り主
guarantor [gǽrəntɔ̀:r]	保証人	

名詞

抽象 3

一度習ったことを反復する **review** (リヴュー)

商品の内容を詳しく伝える **explanation** (エクスプラネイション)

以前から支度をする **preparation** (プレパレイション)

会の入会が許される **admission** (アドゥミション)

人を同じように扱う **equality** (イ(ー)クワリティ)

立場によって見方が変わる **standpoint** (スタン(ドゥ)ポイント)

人間が頭の中で組み立てる **concept** (カンセプト)

自分の考えとして持っている **principle** (プリンスィパル)

人の命を大切にする **dignity** (ディグニティ)

職業の選択で重要視する **competence** (カンペテンス)

212

9-6

review [rivjúː]	復習	動を復習する
explanation [èksplənéiʃən]	説明	弁明
preparation [prèpəréiʃən]	準備	用意
admission [ædmíʃən]	許可(入会の)	
equality [i(ː)kwáləti]	平等	等しいこと
standpoint [stǽn(d)pɔ̀int]	観点	立場
concept [kánsept]	概念	着想
principle [prínsəp(ə)l]	主義	原理 信念
dignity [dígnəti]	尊さ	
competence [kámpətəns]	適性	力量 能力

名詞

勤務

会社で働く時間の **office hours**
（オ(ー)フィス アウアズ）

9時から5時までの **working hours**
（ワーキング アウアズ）

遅くまで会社に残って働く **overtime work**
（オウヴァタイム ワーク）

残業で支払われる **overtime pay**
（オウヴァタイム ペイ）

週に2日休みの **five-day week**
（ファイヴデイ ウィーク）

会社を何かの都合で休む **absence**
（アブセンス）

長期間会社を休む **long absence**
（ロ(ー)ング アブセンス）

連絡を入れず欠勤する **absenteeism**
（アブセンティーイズム）

まとめてとる休暇の **paid vacation**
（ペイド ヴェイケイション）

出産で休む **maternity leave**
（マターニティ リーヴ）

9-7

office hours [ɔ́(:)fis àuərz]	勤務時間	
working hours [wə́:rkiŋ àuərz]	労働時間	
overtime work [óuvərtàim wə́:rk]	残業	
overtime pay [óuvərtàim pèi]	残業手当	
five-day week [fáivdèi wí:k]	週休2日制	
absence [ǽbs(ə)ns]	欠勤	不在 欠席
long absence [lɔ́:ŋ ǽbs(ə)ns]	長期欠勤	
absenteeism [ǽbsəntí:izm]	無断欠勤	欠勤(常習的な) 欠席
paid vacation [péid veikéiʃən]	有給休暇	
maternity leave [mətə́:rnəti lí:v]	産休	

名詞

業績

業績不振による **red ink**
（レッド インク）

経費を削減した今年の **budget**
（バヂェト）

会社の体質を変える **improvement**
（インプルーヴメント）

顧客の層を広げる **expansion**
（イクスパンション）

熾烈な努力による目標の **attainment**
（アテインメント）

業績が元に戻る **recovery**
（リカヴァリィ）

業績回復による **black ink**
（ブラック インク）

収益のさらなる **increase**
（インクリース）

ますます増える利益の **increment**
（インクレメント）

大きくなる会社の **development**
（ディヴェロプメント）

9-8

red ink [réd íŋk]	赤字	
budget [bádʒit]	予算	運営費
improvement [imprú:vmənt]	改善	改良 上達
expansion [ikspǽnʃən]	拡張	拡大 進展
attainment [ətéinmənt]	達成	
recovery [rikÁvəri]	回復	復旧 取り戻すこと
black ink [blǽk íŋk]	黒字	
increase [inkrí:s]	増加	動 増加する
increment [íŋkrəmənt]	増収	増大 利潤
development [divéləpmənt]	発展	

形容詞
豊かな生活

お金に困らない **wealthy**(ウェルスィ) な生活

物にあふれた **plentiful**(プレンティフル) な生活

こころから喜びを感じる **fortunate**(フォーチ(ュ)ネト) な生活

収入がきちんとある **stable**(ステイブル) な生活

真面目に生きる **sincere**(スィンスィア) な生活

着実に昇進する **steady**(ステディ) な生活

周りが嫉妬するほどの **envious**(エンヴィアス) な生活

未来が明るい **hopeful**(ホウプフル) な生活

芸術活動をする **cultural**(カルチ(ュ)ラル) な生活

病気の親を看病する **devoted**(ディヴォウティド) な生活

218

9-9

□ **wealthy** [wélθi]	裕福な	金持ちの
□ **plentiful** [pléntifəl]	豊かな	たくさんの
□ **fortunate** [fɔ́ːrtʃənət]	幸せな	幸運な
□ **stable** [stéibl]	安定した	しっかりした
□ **sincere** [sinsíər]	誠実な	こころからの
□ **steady** [stédi]	堅実な	しっかりした 変わらない
□ **envious** [énviəs]	うらやましがる	ねたましげな
□ **hopeful** [hóupfəl]	希望に満ちた	有望な
□ **cultural** [kʌ́ltʃ(ə)rəl]	文化的な	文化の
□ **devoted** [divóutid]	献身的な	

形容詞
嫌な人間

自分の意見を押し通す **intractable**(イントゥラクタブル) な人間

人を鼻であしらう **cheeky**(チーキイ) な人間

人を平気で見下す **arrogant**(アロガント) な人間

うるさく付きまとう **persistent**(パスィステント) な人間

ゆがめて意味を理解する **perverse**(パヴァ～ス) な人間

人を差別して扱う **partial**(パーシャル) な人間

他人に嫌がらせをする **wicked**(ウィキド) な人間

卑猥な目つきをした **coarse**(コース) な人間

礼儀をわきまえない **rude**(ルード) な人間

すぐ暴力に訴える **savage**(サヴェヂ) な人間

9-10

intractable [intræktəbl]	強情な	言うことをきかない 手に負えない
cheeky [tʃíːki]	生意気な	あつかましい
arrogant [ǽrəgənt]	傲慢な	横柄な
persistent [pərsíst(ə)nt]	しつこい	ひるまない
perverse [pərvə́ːrs]	ひねくれた	つむじ曲がりの
partial [páːrʃəl]	不公平な	部分的な 局部的な
wicked [wíkid]	意地悪な	悪い いたずらっぽい
coarse [kɔːrs]	下品な	目の粗い 粗野な
rude [ruːd]	無作法な	失礼な 下品な
savage [sǽvidʒ]	野蛮な	獰猛な

SECTION 10

10-1 ● 主婦 [動詞]

10-2 ● させる 2 [動詞]

10-3 ● 会議 1 [動詞]

10-4 ● 社会 [名詞]

10-5 ● 業者 [名詞]

10-6 ● 抽象 4 [名詞]

10-7 ● 給料 [名詞]

10-8 ● 倒産 [名詞]

10-9 ● からだ 1 [形容詞]

10-10 ● 犯罪者の性格 [形容詞]

動詞

主婦

掃除機で汚い部屋を **vacuum** する
（ヴァキュ(ア)ム）

ブラシで主人の革靴を **polish** する
（パリシ）

タワシでお風呂のタイルを **scrub** する
（スクラブ）

モップで床を **scrape** する
（スクレイプ）

漂白剤で白いカッターを **bleach** する
（ブリーチ）

両手で濡れたタオルを **wring** する
（リング）

庭先で紙くずを **burn** する
（バ～ン）

針で破れたズボンを **stitch** する
（スティッチ）

消毒液で雑菌のついた食器を **disinfect** する
（ディスインフェクト）

毛糸で赤ちゃんの靴下を **knit** する
（ニット）

10-1

□ **vacuum** [vǽkju(ə)m]	に掃除機をかける	名真空 名電気掃除機
□ **polish** [pɑ́liʃ]	を磨く(つやを出す)	のつやを出す 名つや出し
□ **scrub** [skrʌb]	をごしごしみがく	をごしごし洗う
□ **scrape** [skreip]	をこする	をこすってきれいにする にすり傷をつける
□ **bleach** [bli:tʃ]	を漂白する	白くなる
□ **wring** [riŋ]	をしぼる	
□ **burn** [bə:rn]	を燃やす	燃える
□ **stitch** [stitʃ]	を縫う(一針一針縫う)	を縫いつける
□ **disinfect** [dìsinfékt]	を消毒する	
□ **knit** [nit]	を編む	編み物をする

動詞

させる 2

泣き叫ぶわがままな子供を **hush** させる
ハッシ

絶対合格できると生徒を **convince** させる
コンヴィンス

受験に失敗し親を **disappoint** させる
ディサポイント

肥満な体型を口にし女性を **offend** させる
オフェンド

十分な報酬で社員を **content** させる
コンテント

実績をあげた部下を **promote** させる
プロモウト

聴衆の面前でその人に **humiliate** させる
ヒュ(ー)ミリエイト

錯乱する患者の精神を **stabilize** させる
ステイビライズ

夫の浮気で夫婦の関係を **aggravate** させる
アグラヴェイト

麻薬の常習で人生を **ruin** させる
ルーイン

10-2

hush [hʌʃ]	を黙らせる	静かになる 黙る
convince [kənvíns]	と確信させる	と納得させる
disappoint [dìsəpɔ́int]	を失望させる	
offend [əfénd]	を怒らせる	の感情を害する 罪を犯す
content [kəntént]	を満足させる (形式的語)	形 満足して
promote [prəmóut]	を昇進させる	を増進する を促進させる
humiliate [hju(:)mílièit]	に恥をかかせる	の自尊心を傷つける
stabilize [stéibəlàiz]	を安定させる	を固定させる
aggravate [ǽgrəvèit]	を悪化させる	を怒らせる
ruin [rú:in]	を破滅させる	をだめにする

動詞

会議 1

会議室で重要議案を **debate**(ディベイト) する

否決された議案をもう一度 **overhaul**(オウヴァホール) する

業績悪化の原因を **analyze**(アナライズ) する

どこがいけないのか問題点を **clarify**(クラリファイ) する

避けていた内容について **mention**(メンション) する

リストラの問題について **refer (to)**(リファ〜) する

お互いに自分の意見を強く **maintain**(メインテイン) する

だらだらと会議が **drag**(ドゥラッグ) する

採決をとってその案を **determine**(ディタ〜ミン) する

社長はその議案を **approve**(アプルーヴ) する

10-3

単語	意味1	意味2
debate [dibéit]	を討議する	を討論する
overhaul [òuvərhɔ́:l]	を再検討する	を分解修理する
analyze [ǽnəlàiz]	を分析する	を分解する
clarify [klǽrəfài]	を明確にする（意味・考えなど）	をわかりやすくする
mention [ménʃən]	について言及する	のことを言う について述べる
refer [rifə́:r]	のことを話す	を参照する
maintain [meintéin]	を主張する	を続ける を養う
drag [dræg]	だらだら長引く	を引きずる を引っぱる
determine [ditə́:rmin]	を決定する	決心する
approve [əprú:v]	を承認する	をよいと思う に同意する

名詞

社会

ガス・電気・水道設備の **utility**
（ユーティリティ）

観光客を泊めることのできる **accommodation**
（アカマデイション）

楽しく遊んで過ごせる **recreation facilities**
（レクリエイション ファスィリティズ）

健全な一時を過ごす **welfare facilities**
（ウェルフェア ファスィリティズ）

子供を手厚く保護する **child welfare**
（チャイルド ウェルフェア）

国民の生活を保護する **social welfare**
（ソウシャル ウェルフェア）

公共機関が推進する **welfare work**
（ウェルフェア ワ～ク）

国家が国民を守る **social security**
（ソウシャル セキュ(ア)リティ）

人の集まりでできる様々な **organization**
（オーガニゼイション）

財産を公益に使う **foundation**
（ファウンデイション）

10-4

□ **utility** [juːtíləti]	利用設備（電気・ガス水道など）	役にたつこと
□ **accommodation** [əkɑ̀mədéiʃən]	宿泊設備	収容能力 適応
□ **recreation facilities** [rèkriéiʃən fəsílətiz]	娯楽施設	
□ **welfare facilities** [wélfèər fəsílətiz]	厚生施設	
□ **child welfare** [tʃáild wélfèər]	児童福祉	
□ **social welfare** [sóuʃəl wélfèər]	社会福祉	
□ **welfare work** [wélfèər wə̀ːrk]	福祉事業	
□ **social security** [sóuʃəl sikjú(ə)rəti]	社会保障	
□ **organization** [ɔ̀ːrɡənəzéiʃən]	団体	組織 組織化
□ **foundation** [faundéiʃən]	財団	土台 創立

名詞

業者

商店街でお店を営む **storekeeper**
ストーキーパァ

問屋から仕入れて販売する **retailer**
リーテイラァ

小売店の商品を卸す **wholesaler**
ホウルセイラァ

電化製品を製造する **manufacturer**
マニュ**ファ**クチ(ャ)ラァ

荷物を運搬する **carrier**
キャリア

工事を請け負う **contractor**
カントゥラクタァ

末端の工事を請け負う **subcontractor**
サブコントゥラクタァ

商品を海外から仕入れる **importer**
インポータァ

商品を海外に出荷する **exporter**
エクスポータァ

保険を販売する **insurer**
インシュアラァ

10-5

storekeeper [stɔ́ːrkìːpər]	商店経営者	店主
retailer [ríːteilər]	小売業者	
wholesaler [hóulsèilər]	卸売り業者	
manufacturer [mæn(j)ufǽktʃ(ə)rər]	製造業者(大規模な)	工場経営者 メーカー
carrier [kǽriər]	運送業者	運ぶ人 保菌者
contractor [kɑ́ntræktər]	請負業者	契約者 請負人
subcontractor [sʌbkɑ́ntræktər]	下請け業者	下請け人
importer [impɔ́ːrtər]	輸入業者	輸入商 輸入国
exporter [ikspɔ́ːrtər]	輸出業者	輸出商 輸出国
insurer [inʃúərər]	保険業者	保険会社

名詞

抽象 4

長年かけてでき上がる商品の **completion**　コンプリーション

電化製品に付加する様々な **function**　ファンクション

商品そのものが持っている **worth**　ワース

広告代理店が行う企画の **presentation**　プリーゼンテイション

社員が上司に提出する **projection**　プロチェクション

役所に名前を記載する **register**　レヂスタァ

営業行為の申し出を許す **permission**　パミション

不動産業者が出す家の **assessment**　アセスメント

重要な会合への **presence**　プレゼンス

合意を前提に要求する **condition**　コンディション

234

10-6

単語	意味1	意味2
completion [kəmplíːʃən]	完成	
function [fʌ́ŋkʃən]	機能	役目 / 式典
worth [wəːrθ]	価値	形 価値がある
presentation [prìːzəntéiʃən]	提示	発表 / 贈呈
projection [prədʒékʃən]	企画	立案 / 映写
register [rédʒistər]	登録	登録簿 / 動 登録する
permission [pərmíʃən]	許可	認可
assessment [əsésmənt]	評価 (財産・収入などの)	評価額
presence [préz(ə)ns]	出席	存在
condition [kəndíʃən]	条件	状態

名詞

給料

働いてお金を得る **earnings** (ア～ニングズ)

収入で実際手にする **take-home earnings** (テイク ホウム ア～ニングズ)

基本的に定められた給料の **basic pay** (ベイスィク ペイ)

仕事の能率による給料の **efficiency pay** (イフィシェンスィ ペイ)

一定に保たれた給料の **regular pay** (レギュラァ ペイ)

年ごとに給料を決める **the annual salary system** (ズィ アニュアル サラリィ スィステム)

努力が報われて受け取る **reward** (リウォード)

育児などで支給される **allowance** (アラウアンス)

心待ちする月一回の **payday** (ペイデイ)

給料日に受け取る **payroll** (ペイロウル)

236

10-7

□ **earnings** [ə́:rniŋz]	稼ぎ(複数形で)	
□ **take-home earnings** [téikhòum ə́:rniŋz]	手取り収入	
□ **basic pay** [béisik pèi]	基本給	
□ **efficiency pay** [ifíʃənsi pèi]	能率給	
□ **regular pay** [régjulər pèi]	固定給	
□ **the annual salary system** [ði ǽnjuəl sǽl(ə)ri sístəm]	年俸制	
□ **reward** [riwɔ́:rd]	報酬	動に報いる
□ **allowance** [əláuəns]	手当	小遣い
□ **payday** [péidèi]	給料日	
□ **payroll** [péiròul]	給料支払簿	

名詞

倒産

業績好調で増える **surplus** (サープラス)

経営ミスで被る **loss** (ロ(ー)ス)

不振が続く収益の **decrease** (ディークリース)

会社運営で欠乏した資金の **shortage** (ショーテヂ)

営業不振による業績の **deterioration** (ディティ(ア)リオレイション)

借金でかさむ会社の **deficit** (デフィスィト)

手形が焦げつく **dishonor** (ディスアナァ)

支払いが受けられなくなった **dishonored bill** (ディスアナァドビル)

工場の作業を止める **shutdown** (シャットダウン)

会社が潰れる **bankruptcy** (バンクラプツィ)

10-8

surplus [sə́:rpləs]	黒字	
loss [lɔ(:)s]	損害	損失 / 敗北
decrease [dí:kri:s]	減少	動 減少する
shortage [ʃɔ́:rtidʒ]	不足	
deterioration [ditì(ə)riəréiʃən]	悪化	低下
deficit [défisit]	赤字	欠損
dishonor [disánər]	不渡り	不名誉 / 欠損
dishonored bill [disánərd bìl]	不渡り手形	
shutdown [ʃʌ́tdàun]	操業停止	閉鎖 / 一時休業
bankruptcy [bǽŋkrʌp(t)si]	倒産	破産 / 破綻

形容詞

からだ 1

胸板の厚い **masculine**(マスキュリン) なからだ

柔らかくしなやかな **feminine**(フェミニン) なからだ

鍛えあげられた **sturdy**(スターディ) なからだ

筋肉隆々の **muscular**(マスキュラァ) なからだ

前屈で胸が膝につく **flexible**(フレクスィブル) なからだ

骨がきしんで **inflexible**(インフレクスィブル) なからだ

ファッションモデルの **slender**(スレンダァ) なからだ

中年で肉付のいい **stout**(スタウト) なからだ

病気一つしない **tough**(タフ) なからだ

すぐに寝込む **sickly**(スィクリィ) なからだ

10-9

☐ **masculine** [mǽskjulin]	男らしい	男性の
☐ **feminine** [fémənin]	女らしい	女性の
☐ **sturdy** [stə́ːrdi]	たくましい	頑固な 頑丈な
☐ **muscular** [mʌ́skjulər]	筋肉質の	筋肉の 筋骨たくましい
☐ **flexible** [fléksəbl]	柔軟な	曲げやすい 融通のきく
☐ **inflexible** [infléksəbl]	曲がらない	不屈の
☐ **slender** [sléndər]	すらりとした	細長い
☐ **stout** [staut]	太った(婉曲な表現)	強い 丈夫な
☐ **tough** [tʌf]	頑丈な	堅い 頑固な
☐ **sickly** [síkli]	病弱な	病的な 不健康な

形容詞
犯罪者の性格

悪賢くて **sly**(スライ) な性格

誰をも信じない **suspicious**(サスピシャス) な性格

自分さえよければいい **complacent**(コンプレイスント) な性格

がさつで **crude**(クルード) な性格

相手にケンカを売る **aggressive**(アグレスィヴ) な性格

平気で人を殺す **cruel**(クルーエル) な性格

人肉を食う **brutal**(ブルートゥル) な性格

人間のこころを持たない **harsh**(ハーシ) な性格

身の毛もよだつ **dreadful**(ドゥレドゥフル) な性格

精神が異常な **insane**(インセイン) な性格

10-10

☐ **sly** [slai]	ずるい	陰険な
☐ **suspicious** [səspíʃəs]	疑い深い	怪しげな
☐ **complacent** [kəmpléisnt]	ひとりよがりの	自己満足の 悦に入った
☐ **crude** [kru:d]	粗野な	がさつな 粗末な
☐ **aggressive** [əgrésiv]	攻撃的な	侵略的な 積極的な
☐ **cruel** [krú:əl]	残酷な (他人の苦痛に対して平気)	悲惨な ひどい
☐ **brutal** [brú:tl]	残忍な(獣のような)	冷酷な
☐ **harsh** [há:rʃ]	無情な	厳しい 残酷な
☐ **dreadful** [drédfəl]	恐ろしい	
☐ **insane** [inséin]	正気でない	気が変になった

SECTION 11

- 11-1 ● 赤ちゃん [動詞]
- 11-2 ● 社長 [動詞]
- 11-3 ● 契約2 [動詞]
- 11-4 ● マスコミ [名詞]
- 11-5 ● 否定的な抽象 [名詞]
- 11-6 ● 労働者 [名詞]
- 11-7 ● 仕事2 [名詞]
- 11-8 ● 株 [名詞]
- 11-9 ● からだ2 [形容詞]
- 11-10 ● 態度 [形容詞]

動詞

赤ちゃん

赤ちゃんがおまるで **pee**(ピー) する

おぼつかない足取りで **toddle**(タドゥル) する

廊下の敷居に **stumble**(スタンブル) する

固い床でひざを **graze**(グレイズ) する

泣きながらママに **cling**(クリング) する

ママのオッパイを **suck**(サック) する

頭をコクリコクリさせながら **slumber**(スランバァ) する

声をアアアッと **utter**(アタァ) する

眠りに陥り **doze**(ドゥズ) する

グーグーと可愛く **snore**(スノー(ア)) する

11-1

pee [piː]	おしっこをする	名おしっこ
toddle [tádl]	よちよち歩く	
stumble [stʌ́mbl]	つまずく	よろける / つかえる
graze [greiz]	をすりむく	をかする / 名かすり傷
cling [kliŋ]	しがみつく	くっつく / 執着する
suck [sʌk]	を吸う	をしゃぶる
slumber [slʌ́mbər]	まどろむ	うつらうつらする / 名まどろみ
utter [ʌ́tər]	を発する(言葉・声)	を表現する / を述べる
doze [douz]	うたた寝をする	居眠りする
snore [snɔːr]	いびきをかく	

動詞

社長

社長は、会社を represent する

社長は、会社の改革を思いきって dare する

社長は、下請け業者に仕事を entrust する

社長は、部下に仕事を assign する

社長は、業績の悪い事業を suspend する

社長は、実績の悪い部下を demote する

社長は、社員の生活を assure する

社長は、社員の要求に comply する

社長は、社員の願いを grant する

社長は、社員の給料を hike する

11-2

represent [rèprizént]	を代表する	を描く を象徴する
dare [dɛər]	思いきって〜する	〜する勇気がある
entrust [intrást]	を委託する(仕事など)	を託する を預ける
assign [əsáin]	を命じる(仕事など)	を割り当てる を決める
suspend [səspénd]	を一時停止する(事業・活動など)	をつるす
demote [dimóut]	を降格する	
assure [əʃúər]	を保証する	
comply [kəmplái]	応じる(希望・要求などに)	
grant [grænt]	をかなえる	を与える
hike [haik]	を引き上げる(口語的)	ハイキングする 图ハイキング

動詞

契約 2

ビジネスの取引で先方と **negotiate**(ネゴウシェイト) する

お互い取引の内容を十分に **consider**(コンスィダァ) する

お互い合意し契約を **exchange**(イクスチェインヂ) する

お互い書類を交わし **contract**(コントゥラクト) する

取り交わした契約を **fulfill**(フルフィル) する

1年間の契約の期限が **expire**(イクスパイア) する

契約をさらに1年 **renew**(リニュー) する

契約の一部を若干 **alter**(オールタァ) する

利害の対立で結んだ契約を **dissolve**(ディザルヴ) する

取り交わした契約を一方的に **annul**(アナル) する

11-3

negotiate [nigóuʃièit]	交渉する	協議する を取り決める
consider [kənsídər]	を検討する	をよく考える
exchange [ikstʃéindʒ]	を取り交わす	を交換する 图交換
contract [kəntrǽkt]	契約する	图契約
fulfill [fulfíl]	を履行する	を果たす を実現する(希望など)
expire [ikspáiər]	切れる(期限が)	満了する
renew [rin(j)ú:]	を更新する	を新しくする を継続する
alter [ɔ́:ltər]	を変更する(一部)	を変える 変わる
dissolve [dizάlv]	を解消する	を溶かす 溶ける
annul [ənʌ́l]	を破棄する	を取り消す

名詞

マスコミ

テレビ新聞雑誌などの **mass communication**

毎朝宅配される **journal**

記者が書く新聞記事の **manuscript**

読者を引き付ける新聞の **feature**

定期的に刊行する **periodical**

記者会見に殺到する **press**

国民の意見を調べる **opinion poll**

マスコミが取り扱う様々な **issue**

問題に対して意見を述べる **outlook**

マスコミが持つ絶大な **influence**

11-4

☐ **mass communication** [mæs kəmjù:nəkéiʃən]	マスコミ	
☐ **journal** [dʒə́:rn(ə)l]	新聞	日記 定期刊行物
☐ **manuscript** [mǽnjuskrìpt]	原稿	
☐ **feature** [fí:tʃər]	特集記事	特徴 容貌(複数形で)
☐ **periodical** [pì(ə)riɑ́dikəl]	定期刊行物	
☐ **press** [pres]	報道陣	出版 重圧
☐ **opinion poll** [əpínjən pòul]	世論調査	
☐ **issue** [íʃu:]	問題	争点 発行
☐ **outlook** [áutluk]	見解	見通し
☐ **influence** [ínflu(:)əns]	影響力	

名詞
否定的な抽象

うっかりして失敗を引き起こす **carelessness**（ケアレスネス）

必要なものが足りない **lack**（ラック）

それは間違いと断定する **denial**（ディナイアル）

断固として断る **rejection**（リヂェクション）

交渉で損な立場に立つ **disadvantage**（ディサドゥヴァンテヂ）

人から笑い者にされる **shame**（シェイム）

相手を何だかんだと糾弾する **criticism**（クリティスィズム）

人をまんまと騙す **fraud**（フロード）

人の弱みにつけ込む **threat**（スレット）

陰で悪を企む **plot**（プラット）

11-5

carelessness [kéərlisnis]	不注意	軽率
lack [læk]	欠乏	動を欠く
denial [dináiəl]	否定	否認 拒絶
rejection [ridʒékʃən]	拒否	拒絶 否決
disadvantage [dìsədvæntidʒ]	不利	
shame [ʃeim]	恥辱	恥 恥ずかしさ
criticism [krítəsìzm]	非難	批評
fraud [frɔːd]	詐欺	詐欺行為 不正手段
threat [θret]	脅迫	
plot [plɑt]	陰謀	筋 動をたくらむ

名詞
労働者

人に使われて働く **laborer** (レイバラァ)

賃金をもらって働く **wage earner** (ウェイヂ アーナァ)

肉体を使って働く **blue-collar worker** (ブルーカラァ ワーカァ)

頭を使って働く **white-collar worker** ((フ)ワイトゥカラァ ワーカァ)

出稼ぎで働く **seasonal worker** (スィーズナル ワーカァ)

熟練した技術を持つ **skilled worker** (スキルド ワーカァ)

一時的に雇われる **temporary worker** (テンポレリィ ワーカァ)

組合に加入する **unionist** (ユーニョニスト)

ストライキに参加する **striker** (ストゥライカァ)

会社に毎日通勤する **commuter** (コミュータァ)

11-6

laborer [léibərər]	労働者	肉体労働者
wage earner [wéidʒ ə́:rnər]	賃金労働者	
blue-collar worker [blú:kálər wə́:rkər]	肉体労働者	
white-collar worker [(h)wàitkálər wə́:rkər]	頭脳労働者	
seasonal worker [sí:z(ə)nəl wə́:rkər]	季節労働者	
skilled worker [skíld wə́:rkər]	熟練労働者	
temporary worker [témp(ə)rèri wə́:rkər]	臨時従業員	
unionist [jú:njənist]	組合員	
striker [stráikər]	スト参加者	
commuter [kəmjú:tər]	通勤者	

名詞
仕事 2

毎日繰り返す決まった **routine**

主婦がスーパーなどで働く **part-time job**

自宅で会社の仕事をする **home office**

机に向かってする会社の **affairs**

仕事探しでまず選択する **occupation**

熟練を必要とする仕事の **trade**

生涯の仕事として選んだ **career**

専門的知識が必要な仕事の **profession**

会社における上層部の **executive**

会社の工場で働く **working class**

11-7

□ **routine** [ru:tí:n]	決まりきった仕事　形決まりきった
□ **part-time job** [pá:rttáim dʒáb]	パートの仕事
□ **home office** [hóum ɔ́(:)fis]	在宅勤務
□ **affairs** [əfèerz]	事務(複数形で)　事情
□ **occupation** [àkjupéiʃən]	職業(一般的)　仕事
□ **trade** [treid]	職業(熟練を要する)　貿易　動売買する
□ **career** [kəríər]	職業(一生の)　経歴　天職
□ **profession** [prəféʃən]	職業(知的・専門的な)
□ **executive** [igzékjutiv]	管理職
□ **working class** [wə́:rkiŋ klæs]	労働者階級

259

名詞

株

株の取引が行われる市場の **stock market**

有価証券が売買される **stock exchange**

株の売買で受け取る **stock certificate**

株主として受け取る **dividend**

値上がりする株の **growth stock**

これ以上下がらない株価の **floor**

株価が一定に保つ **stabilization**

株価の急な高値の **upswing**

株価が一気に上がる **boom**

株価がいっぺんにクズになる **slump**

11-8

stock market [sták mà:rkit]	株式市場	
stock exchange [sták ikstʃéindʒ]	証券取引所	
stock certificate [sták sərtífikət]	株券	
dividend [dívədènd]	配当	配当金
growth stock [gróuθ stak]	成長株	
floor [flɔ:r]	底値	床階
stabilization [stèibəlizéiʃən]	安定	安定させること
upswing [ʌ́pswìŋ]	急上昇	進展 増加
boom [bu:m]	暴騰	
slump [slʌmp]	暴落	不況 不振

形容詞
からだ2

一糸まとわぬ **bare**（ベア）なからだ

寒さにふるえる **pale**（ペイル）な顔

髪の毛のうすい **bald**（ボールド）な頭

顔についた **congenital**（カンチェニトゥル）なあざ

ケガして顔をしかめる **painful**（ペインフル）な指

ボリボリと引っかく **itchy**（イチィ）な背中

パソコンのやり過ぎで **weary**（ウィ(ア)リィ）な目

偉い人との面接で **tense**（テンス）な神経

脳に障害を受けた **fatal**（フェイトゥル）なケガ

海峡を泳ぎ渡る **extraordinary**（イクストゥローディネリィ）な体力

11-9

bare [bɛər]	裸の	赤裸々な / 空の
pale [peil]	青白い	淡い / 動青ざめる
bald [bɔːld]	はげた	飾りのない
congenital [kɑndʒénətl]	生まれつきの	先天的な
painful [péinfəl]	痛い	辛い / 骨の折れる
itchy [ítʃi]	かゆい	
weary [wí(ə)ri]	疲れた	動を退屈させる
tense [tens]	緊張した	強く張られた
fatal [féitl]	致命的な	重大な / 決定的な
extraordinary [ikstrɔ́ːrdənèri]	並はずれた	驚くべき

形容詞

態度

常軌を逸した **queer**(クウィア) な態度

どことなくソワソワした **awkward**(オークワド) な態度

あたりを警戒する **alert**(アラート) な態度

遠くからでもわかる **noticeable**(ノウティサブル) な態度

自分から率先する **willing**(ウィリング) な態度

はっきりしない **vague**(ヴェイグ) な態度

大統領として **appropriate**(アプロウプリエト) な態度

胸を張った **dignified**(ディグニファイド) な態度

よくしつけられた **polite**(ポライト) な態度

頭を低くした **humble**(ハンブル) な態度

11-10

queer [kwiər]	奇妙な	風変わりな / 怪しい
awkward [ɔ́:kwərd]	ぎこちない	扱いにくい / どぎまぎした
alert [ələ́:rt]	用心深い	油断のない
noticeable [nóutisəbl]	目立つ	著しい
willing [wíliŋ]	自発的な	
vague [veig]	曖昧な	はっきりしない
appropriate [əpróupriit]	ふさわしい	
dignified [dígnəfàid]	威厳のある	品位のある
polite [pəláit]	礼儀正しい	
humble [hʌ́mbl]	謙虚な	

SECTION 12

- 12-1 ● 料理 [動詞]
- 12-2 ● 上司の態度 [動詞]
- 12-3 ● デモ [動詞]
- 12-4 ● 書類 [名詞]
- 12-5 ● 企業家 [名詞]
- 12-6 ● ビジネスに関する抽象 [名詞]
- 12-7 ● 昇進 [名詞]
- 12-8 ● 税 [名詞]
- 12-9 ● 仕事3 [形容詞]
- 12-10 ● 意見 [形容詞]

動詞

料理

包丁でにんじんを細かく **shred**(シレッド) する

おろし金で大根を **grate**(グレイト) する

器具を使ってじゃがいもを **mash**(マッシ) する

まな板の上で小麦粉を **knead**(ニード) する

深い鍋でトン骨を **simmer**(スィマァ) する

フライパンでご飯を **stir-fry**(スタ～フライ) する

煮立った油で天ぷらを **deep-fry**(ディープフライ) する

オーブンで肉を黒く **scorch**(スコーチ) する

調味料を使って料理に **season**(スィーズン) する

野菜を料理の皿に **garnish**(ガーニシ) する

12-1

☐ **shred** [ʃred]	を切り刻む	を細かく切る 名 破片
☐ **grate** [greit]	をすりおろす	きしむ
☐ **mash** [mæʃ]	をすりつぶす（柔らかいもの）	を押しつぶす
☐ **knead** [niːd]	をこねる	を練る をもむ
☐ **simmer** [símər]	をとろ火でぐつぐつ煮る	ぐつぐつ煮える
☐ **stir-fry** [stə́ːrfrài]	を炒める	
☐ **deep-fry** [díːpfrái]	を油で揚げる	
☐ **scorch** [skɔːrtʃ]	を焦がす	焦げる 疾走する（車などが）
☐ **season** [síːzn]	に味付けする	名 季節 時期
☐ **garnish** [gáːrniʃ]	に添える	名 料理の添え物

動詞

上司の態度

のんびり仕事する部下を **urge** する

いやがる部下をなんとか **persuade** する

叱咤激励して部下を **arouse** する

部下を見下しその意見を **disregard** する

部下に新しい事業計画を **acquaint** する

部下の言わんとする真意を **grasp** する

部下の能力を正しく **appreciate** する

部下の指摘で自分の非を **recognize** する

部下に対して自分のミスを **acknowledge** する

業績の悪化をしぶしぶ **admit** する

12-2

urge [ə:rdʒ]	をせき立てる	
persuade [pərswéid]	を説得する	
arouse [əráuz]	を刺激する	を目覚めさせる
disregard [dìsrigá:rd]	を無視する	を軽視する 名無視
acquaint [əkwéint]	を知らせる	を精通させる
grasp [græsp]	を理解する	をつかむ
appreciate [əprí:ʃièit]	を正しく認識する	をありがたく思う を評価する
recognize [rékəgnàiz]	を認める(正当であると)	をそれと認める を承認する
acknowledge [əknάlidʒ]	を認める(形式的語)	
admit [ədmít]	を認める(事実であると)	を入れる(会などに)

動詞

デモ

住民、焼却炉建設に **oppose**（オポウズ）する

住民、行政機関に **protest**（プロテスト）する

住民、心を合わせ **unite**（ユーナイト）する

住民の代表、広場に住民を **rally**（ラリィ）する

多くの住民がそこに **herd**（ハード）する

住民、自分たちの要求を **assert**（アサート）する

住民、プラカードをかかげ **demonstrate**（デモンストゥレイト）する

住民、座り込みを **execute**（エクセキュート）する

そして、建設の作業を **hinder**（ヒンダァ）する

新聞社はその様子を **cover**（カヴァ）する

12-3

単語	意味1	意味2
oppose [əpóuz]	に反対する	
protest [prətést]	に抗議する	名抗議
unite [ju:náit]	団結する	を一つにする / を団結させる
rally [rǽli]	を結集する	再び集まる / 名大会
herd [hə:rd]	群れをなす	をかり立てる
assert [əsə́:rt]	を主張する（権利・要求など）	と断言する
demonstrate [démənstrèit]	デモする	を実証する / を説明する
execute [éksəkjù:t]	を実行する（計画・仕事など）	に死刑を執行する
hinder [híndər]	を邪魔する（意図的な妨害）	を遅らせる / を妨げる
cover [kʌ́vər]	を報道する	を取材する / をおおう

名詞

書類

申し込みで書き込む **application form**
アプリケイション フォーム

恩師に書いてもらう **letter of recommendation**
レタァ オブ レコメンデイション

会社の応募で提出する **resume**
リズ(ュ)ーム

それが事実であることを示す **certificate**
サティフィケト

商品の取扱を説明した **instructions**
インストゥラクションズ

商品の無料修理を保証した **warranty**
ウォ(ー)ランティ

保険の加入で受け取る **insurance policy**
インシュ(ア)ランス パリスィ

医者が患者に書く **medical certificate**
メディカル サティフィケト

税関に提出する **customs declaration card**
カスタムズ デクラレイション カード

借金の返済を督促する **reminder**
リマインダァ

274

12-4

application form [æpləkéiʃən fɔːrm]	申込用紙	
letter of recommendation [létər (ə)v rèkəmendéiʃən]	推薦状	
resume [riz(j)úːm]	履歴書	
certificate [sərtífikət]	証明書	免許状
instructions [instrʌ́kʃənz]	使用説明書(複数形で)	
warranty [wɔ́(ː)rənti]	保証書	保証 根拠
insurance policy [inʃú(ə)rəns pɑ́ləsi]	保険証書	
medical certificate [médikəl sərtífikət]	診断書	
customs declaration card [kʌ́stəmz dèkləréiʃən kɑːrd]	税金申告書	
reminder [rimáindər]	督促状	催促 思い出させる物

名詞

企業家

莫大な資本を持った **capitalist** (キャピタリスト)

企業に資本金を拠出する **financier** (ファイナンスィア)

新しく事業を起こす **entrepreneur** (アーントゥレプレナ〜)

ビルを所有する **proprietor** (プロプライエタァ)

製品を製造する **producer** (プロデューサァ)

ビジネスを共同でする **business partner** (ビズネス パートゥナァ)

お金を企業に投資する **investor** (インヴェスタァ)

危険な相場に投機する **speculator** (スペキュレイタァ)

会社の株を所有する **stockholder** (スタクホウルダァ)

株の仲買をする **stockbroker** (スタクブロウカァ)

276

12-5

capitalist [kǽpətəlist]	資本家 (資本を持った人)	資本主義者
financier [fàinənsíər]	資本家 (実際に資本を出している人)	金融業者
entrepreneur [à:ntrəprəné:r]	起業家	事業家
proprietor [prəpráiətər]	所有者	経営者 持ち主
producer [prəd(j)ú:sər]	生産者	製造者 制作者
business partner [bíznis pá:rtner]	共同経営者	
investor [invéstər]	投資家	出資者 投資者
speculator [spékjulèitər]	投機家	相場師
stockholder [stákhòuldər]	株主	
stockbroker [stákbròukər]	株仲買人	

名詞

ビジネスに関する抽象

会議で進言する企画の **suggestion**
サ(グ)チェスチョン

ビジネスの交渉でリードする **advantage**
アドゥヴァンテヂ

交渉を有利に進める **initiative**
イニシアティヴ

コマーシャルにおける視聴者の **response**
リスパンス

書類の内容をチェックする **confirmation**
カンファメイション

自由に使える接待費の **restriction**
リストゥリクション

仕事でお互い助け合う **partnership**
パートゥナシプ

会議で出された最終的な **conclusion**
コンクルージョン

閉ざされていた問題の **solution**
ソルーション

長く続いた訴訟問題の **settlement**
セトゥルメント

12-6

suggestion [sə(g)dʒéstʃən]	提案	
advantage [ədvǽntidʒ]	有利な立場	有利な点 利益
initiative [iníʃiətiv]	主導権	イニシアチブ
response [rispáns]	反応	応答
confirmation [kànfərméiʃən]	確認	
restriction [ristríkʃən]	制限	限定
partnership [pá:rtnərʃip]	協力	共同 共同経営
conclusion [kənklú:ʒən]	結論	
solution [səlú:ʃən]	解決 (問題・難問などの)	溶解
settlement [sétlmənt]	解決 (争いごとなどの)	和解 植民地

名詞

昇進

昇進によって上がる **rank**（ランク）

地位で変わる名刺の **title**（タイトゥル）

課長から部長に上がる **promotion**（プロモウション）

昇進で増える **responsibility**（リスパンスィビリティ）

上になるほど大変な **responsible position**（リスパンスィブル ポズィション）

昇進でサラリーが上がる **raise**（レイズ）

スト交渉で勝ち取る **pay hike**（ペイ ハイク）

仕事の能力を判定する **estimation**（エスティメイション）

部長から課長に下がる **demotion**（ディモウション）

解雇によって職をなくす **unemployment**（アニンプロイメント）

280

12-7

□ **rank** [ræŋk]	地位	階級 列
□ **title** [táitl]	肩書き	題名 字幕
□ **promotion** [prəmóuʃən]	昇進	増進 促進
□ **responsibility** [rispὰnsəbíləti]	責任	義務
□ **responsible position** [rispάnsəbl pəzíʃən]	責任ある地位	
□ **raise** [reiz]	昇給	動を上げる を買う
□ **pay hike** [péi hàik]	賃上げ	
□ **estimation** [èstəméiʃən]	評価	見積り 判断
□ **demotion** [dimóuʃən]	降格	格下げ
□ **unemployment** [ʌ̀nimplɔ́imənt]	失業	

名詞

税

税金を課す **taxation** (タクセイション)

税金を納める **payment of taxes** (ペイメント (ア)ヴ タックスィズ)

商品に税を課す **sales tax** (セイルズ タックス)

収入に対する課税の **income tax** (インカム タックス)

固定資産に対する課税の **property tax** (プラパティ タックス)

輸入に対して課税する **import duty** (インポート デューティ)

輸入貨物に対して課税する **tariff** (タリフ)

税の徴収を減らす **tax reduction** (タックス リダクション)

税の徴収を増やす **tax increase** (タックス インクリース)

税を免除する **tax exemption** (タックス イグゼンプション)

12-8

☐ **taxation** [tækséiʃən]	課税	徴税 税収入
☐ **payment of taxes** [péimənt (ə)v tǽksiz]	納税	
☐ **sales tax** [séilz tæks]	売上税	
☐ **income tax** [ínkʌm tæks]	所得税	
☐ **property tax** [prάpərti tæks]	固定資産税	
☐ **import duty** [ímpɔːrt d(j)ùːti]	輸入税	
☐ **tariff** [tǽrif]	関税	料金表
☐ **tax reduction** [tæks ridʌ́kʃən]	減税	
☐ **tax increase** [tæks ìnkríːs]	増税	
☐ **tax exemption** [tæks igzèmpʃən]	免税	

形容詞

仕事 3

手間がかかって **laborious**(ラボーリアス) な仕事

なかなか先に進まない **arduous**(アーデュアス) な仕事

なかなか先に進まない **complicated**(カンプリケイティド) な仕事

段取りのいい **businesslike**(ビズネスライク) な仕事

無駄の一切ない **rational**(ラシ(ョ)ナル) な仕事

一歩一歩前に進む **steady**(ステディ) な仕事

やって損はしない **advantageous**(アドゥヴァンテイヂャス) な仕事

会社でまず行う **fundamental**(ファンダメントゥル) な仕事

絶対に失敗は許されない **cardinal**(カーディナル) な仕事

最も重要視する **leading**(リーディング) な仕事

12-9

☐ **laborious** [ləbɔ́:riəs]	骨の折れる	困難な 勤勉な
☐ **arduous** [á:rdʒuəs]	困難な	骨の折れる
☐ **complicated** [kámpləkèitid]	複雑な	込み入った 面倒な
☐ **businesslike** [bíznislàik]	能率的な	てきぱきした きちんとした
☐ **rational** [rǽʃ(ə)nəl]	合理的な	理性の
☐ **steady** [stédi]	堅実な	着実な しっかりした
☐ **advantageous** [ædvəntéidʒəs]	有益な	利益になる
☐ **fundamental** [fʌ̀ndəméntl]	基本的な	根本的な
☐ **cardinal** [ká:rd(ə)nəl]	きわめて重要な	基本的な
☐ **leading** [lí:diŋ]	主要な	一流の

形容詞
意見

誰も思いつかない **original**(オリヂナル) な意見

誰もが納得いく **obvious**(アブヴィアス) な意見

数人の人から聞いた **plural**(プル(ア)ラル) な意見

多くの人から寄せられた **various**(ヴェ(ア)リアス) な意見

社内の人間から聞いた **inward**(インワド) な意見

どちらを選択するかの **alternative**(オールタ〜ナティヴ) な意見

話に合意をみない **parallel**(パラレル) な意見

自分本位の **subjective**(サブヂェクティヴ) な意見

自分の視点から離れた **objective**(オブヂェクティヴ) な意見

一瞬に返事がかえってくる **immediate**(イミーディエト) な意見

12-10

original [ərídʒ(ə)nəl]	独創的な	
obvious [ábviəs]	明白な	明らかな
plural [plú(ə)rəl]	複数の	图複数
various [vé(ə)riəs]	様々な	
inward [ínwərd]	内部の	内側の
alternative [ɔːltɚ́rnətiv]	二者択一の	图二者択一
parallel [pǽrəlèl]	平行の	同類の 图平行線
subjective [səbdʒéktiv]	主観的な	
objective [əbdʒéktiv]	客観的な	
immediate [imíːdiət]	即座の	直接の 即時の

SECTION 13

13-1 ● 飲食 [動詞]

13-2 ● 人間関係 [動詞]

13-3 ● 議会 [動詞]

13-4 ● 災害 [名詞]

13-5 ● 立場の違う人 [名詞]

13-6 ● プラスのこころ [名詞]

13-7 ● 不動産 [名詞]

13-8 ● 金融 [名詞]

13-9 ● 有能なビジネスマン [形容詞]

13-10 ● プラスの意見 [形容詞]

動詞

飲食

チビチビとウイスキーを **sip** する

ペロペロとキャンディーを **lick** する

バリバリとせんべいを **nibble** する

カリカリとにんじんを **crunch** する

ムシャムシャと食べ物を **chew** する

ガツガツと料理を **devour** する

ペッと果物の種を **spit** する

ゴクリと食べ物を **swallow** する

ゲーッと食べた物を **vomit** する

ウウウッと食べ物をのどに **choke** する

13-1

□ **sip** [sip]	をちびちび飲む	图一口
□ **lick** [lik]	をなめる	に勝つ を殴る
□ **nibble** [níbl]	をかじる	を少しずつかじる 图ひとかみ
□ **crunch** [krʌntʃ]	をカリカリかむ	をボリボリかみくだく をザクザク踏む
□ **chew** [tʃuː]	をかむ	をかみこなす
□ **devour** [diváuər]	を貪り食う	をガツガツ食う を滅ぼす
□ **spit** [spit]	を吐き出す	つばを吐く ぱらつく
□ **swallow** [swálou]	を飲み込む	をうのみにする 图一飲み
□ **vomit** [vámit]	を吐く	をもどす 图へど
□ **choke** [tʃouk]	のどを詰まらせる	を窒息させる 息が詰まる

動詞
人間関係

息子は、両親に車を買ってくれと **implore** する
（インプロー(ァ)）

妻は、夫を心から **trust** する
（トゥラスト）

お嬢様は、人前で礼儀正しく **behave** する
（ビヘイヴ）

親は、子供を危害から **protect** する
（プロテクト）

先生は、生徒を正しく **conduct** する
（コンダクト）

校長は、優秀な学生を企業に **recommend** する
（レコメンド）

会社員は、同僚と仕事で激しく **compete** する
（コンピート）

ヤクザは、善良な市民をナイフで **threaten** する
（スレトゥン）

国会議員は、失った信頼を必死に **regain** する
（リゲイン）

所有者は、権利を他人に **yield** する
（イールド）

13-2

implore [implɔ́:r]	を懇願する	を嘆願する を哀願する
trust [trʌst]	を信頼する	名 信頼
behave [bihéiv]	ふるまう	行儀よくする
protect [prətékt]	を守る	を保護する
conduct [kəndʌ́kt]	を導く	をふるまう を案内する
recommend [rèkəménd]	を推薦する	を勧める
compete [kəmpí:t]	競争する	参加する
threaten [θrétn]	をおどす	を脅迫する を脅かす
regain [rigéin]	を取り戻す	を回復する
yield [ji:ld]	を譲る	を産する を開け渡す

動詞

議会

国会にて重要案件を **deliberate** する

時代遅れの古い法律を **amend** する

古い法律を **modify** する

不要な箇所を条文から **eliminate** する

議案を議員によって **vote** する

弊害のある規制を **scrap** する

規制によって輸入の量を **restrict** する

審議における勝手な発言を **forbid** する

法律で20歳未満の飲酒を **prohibit** する

法の規制で賄賂の授受を **ban** する

13-3

□ **deliberate** [dilíbərèit]	を審議する	熟考する
□ **amend** [əménd]	を改正する	を改める
□ **modify** [mάdəfài]	を修正する(計画・意見など)	を加減する を緩和する
□ **eliminate** [ilímənèit]	を削除する	を取り除く
□ **vote** [vout]	を採決する	投票する 名投票
□ **scrap** [skræp]	を廃止する(制度など)	を廃棄する 名くず鉄
□ **restrict** [ristríkt]	を制限する	
□ **forbid** [fərbíd]	を禁じる(主に個人に対して)	
□ **prohibit** [prouhíbit]	を禁止する(規則や法律で)	を禁じる を妨げる
□ **ban** [bæn]	を禁止する(法律違反として)	を禁じる

名詞

災害

日本に上陸する暴風雨の **typhoon**（タイフーン）

渦を巻きながら家屋を破壊する **tornado**（トーネイドゥ）

日照りが続く **drought**（ドゥラウト）

集中豪雨で山が崩れる **landslide**（ラン(ドゥ)スライド）

川の氾濫による **flood**（フラッド）

市街全域が水没する **deluge**（デリューヂ）

煙を立ち上げる山の **volcano**（ヴァルケイノウ）

火山から溶岩が噴き出す **eruption**（イラプション）

噴火で流れるドロドロの **lava**（ラーヴァ）

自然の猛威で被る **disaster**（ディザスタァ）

13-4

□ **typhoon** [taifú:n]	台風	
□ **tornado** [tɔːrnéidou]	大竜巻	
□ **drought** [draut]	干ばつ	
□ **landslide** [lǽn(d)slàid]	山崩れ	地滑り 圧倒的大勝利
□ **flood** [flʌd]	洪水	動を氾濫させる にあふれる
□ **deluge** [déljuːdʒ]	大洪水	
□ **volcano** [vɑlkéinou]	火山	
□ **eruption** [irʌ́pʃən]	噴火	爆発
□ **lava** [láːvə]	溶岩	
□ **disaster** [dizǽstər]	大災害	惨事

名詞

立場の違う人

貴族の屋敷に仕える **servant**　サ〜ヴァント

仕事の手助けをする **aide**　エイド

師匠の下で芸を学ぶ **apprentice**　アプレンティス

ゴルフを初めて行う **novice**　ナヴィス

保険に加入した **policyholder**　パリスィホウルダァ

会議の進行を司る **chairperson**　チェアパ〜スン

外交で国を代表する **ambassador**　アンバサダァ

カトリック教会の首長である **pope**　ポウプ

神に仕える清い **saint**　セイント

不幸な人類を救済する **savior**　セイヴァ

13-5

□ **servant** [sə́:rvənt]	使用人	召使 公務員
□ **aide** [eid]	助手	補佐官
□ **apprentice** [əpréntis]	弟子	
□ **novice** [návis]	初心者	新米
□ **policyholder** [pá:ləsihòuldər]	保険契約者	
□ **chairperson** [tʃéərpə̀:rsn]	議長	委員長
□ **ambassador** [æmbǽsədər]	大使	特使 使節
□ **pope** [poup]	法王	ローマ教皇
□ **saint** [seint]	聖人	聖者
□ **savior** [séivjər]	救世主	救済者

名詞

プラスのこころ

真面目で真心のある **fidelity**〔フィデリティ〕

善意に従う品性の **virtue**〔ヴァ～チュー〕

自分の目上を敬う **regard**〔リガード〕

こころからありがたく思う **gratitude**〔グラティテュード〕

自分には必ずできるという **confidence**〔カンフィデンス〕

絶対にやり通そうと思う **determination**〔ディタ～ミネイション〕

恋に燃え上がる **passion**〔パション〕

やればできるという強い **belief**〔ビリーフ〕

母親が注ぐ子供への **affection**〔アフェクション〕

仏が与える罪人への **mercy**〔マ～スィ〕

13-6

fidelity [fidéləti]	誠実	忠誠
virtue [və́ːrtʃuː]	徳	美徳 美点
regard [rigáːrd]	尊敬	注意 関係
gratitude [grǽtət(j)ùːd]	感謝	
confidence [kánfədəns]	自信	信頼
determination [ditə̀ːrmənéiʃən]	決心	決定
passion [pǽʃən]	情熱	情欲 激情
belief [bilíːf]	信念	信仰 信頼
affection [əfékʃən]	愛情	
mercy [mə́ːrsi]	慈悲	情け 哀れみ

名詞

不動産

国が所有する土地の **state-owned land**

個人が所有する **private land**

開発業者による土地の **land development**

土地家屋などの **real estate**

人が住む建物の **residence**

個人が所有する土地家屋の **property**

納税で課税される **fixed assets**

住宅が建ち並ぶ **residential area**

自然に恵まれた住宅の **environment**

公害のない安全な **surroundings**

13-7

state-owned land [stèitound lænd]	国有地	
private land [pràivət lænd]	私有地	
land development [lænd divéləpmənt]	土地開発	
real estate [rí:(ə)l istéit]	不動産	
residence [rézəd(ə)ns]	住宅	邸宅
property [prápərti]	財産	所有地 所有物
fixed assets [fíkst æsets]	固定資産	
residential area [rèzidénʃəl ɛ́(ə)riə]	住宅地域	
environment [invái(ə)rənmənt]	環境 (思想・感情・道徳の影響ある)	
surroundings [səráundiŋz]	環境 (単なる場所としての・複数形で)	

名詞

金融

お金を他人から借りる **debt**（デット）

借金で借りるお金の **amount**（アマウント）

借金による元金と **interest**（インタレスト）

パーセントで表す利子の **interest rate**（インタレスト レイト）

1年間でみた利子の **annual interest**（アニュアル インタレスト）

高額の借金で差し出す **security**（セキュ(ア)リティ）

お金の取り扱いを業務とする **financial business**（フィナンシャル ビズネス）

お金を取り扱う会社の **finance company**（フィナンシャル カンパニィ）

金融業を営む **moneylender**（マニィレンダァ）

高額の金利で金を貸す **loan shark**（ロウン シャーク）

13-8

debt [det]	借金	負債
amount [əmáunt]	額	動総計~になる
interest [ínt(ə)rist]	利子	興味 利益
interest rate [ínt(ə)rist réit]	金利	
annual interest [ǽnjuəl ínt(ə)rist]	年利	
security [sikjú(ə)rəti]	担保	安全 保障
financial business [finǽnʃəl bìznis]	金融業	
finance company [finǽns kÀmp(ə)ni]	金融会社	
moneylender [mÁnilèndər]	金融業者	
loan shark [lóun ʃɑ̀:rk]	高利貸し	

形容詞

有能なビジネスマン

生命力があって **vivid** な人
（ヴィヴィド）

情熱があって **lively** な人
（ライヴリィ）

情熱があって **fiery** な人
（ファイ(ア)リィ）

大きな志があって **ambitious** な人
（アンビシャス）

何にでも関心があって **curious** な人
（キュ(ア)リアス）

意欲があって **positive** な人
（パズィティヴ）

危険をものともしない **brave** な人
（ブレイヴ）

仕事に命をかけた **eager** な人
（イーガァ）

彼なら仕事を任せられる **reliable** な人
（リライアイヴ）

上司の命令に従う **faithful** な人
（フェイスフル）

13-9

□ **vivid** [vívid]	生き生きした	元気な 鮮やかな
□ **lively** [láivli]	活発な	元気な 鮮やかな
□ **fiery** [fái(ə)ri]	熱烈な	火のような 激しい
□ **ambitious** [æmbíʃəs]	野心のある	大志を抱いた
□ **curious** [kjú(ə)riəs]	好奇心の強い	奇妙な
□ **positive** [pázətiv]	積極的な	明確な 確信している
□ **brave** [breiv]	勇敢な	
□ **eager** [í:gər]	熱心な	
□ **reliable** [riláiəbl]	信頼できる	
□ **faithful** [féiθfəl]	忠実な	正確な

形容詞
プラスの意見

子供でも理解できる **plain**(プレイン) な意見

なんの曇りもない **distinct**(ディスティン(ク)ト) な意見

具体的な数字を挙げた **clear-cut**(クリアカット) な意見

隠しごとのない **candid**(キャンディド) な意見

相手を受け入れる **favorable**(フェイヴ(ァ)ラブル) な意見

その発言に同意する **affirmative**(アファ～マティヴ) な意見

その場にピッタリと合った **proper**(プラパァ) な意見

本質に切り込む **keen**(キーン) な意見

誰もが目を見張る **remarkable**(リマーカブル) な意見

皆から拍手喝采(かっさい)を受ける **admirable**(アドゥミラブル) な意見

13-10

□ **plain** [plein]	わかりやすい	平易な 簡素な
□ **distinct** [distíŋ(k)t]	明瞭な	個別の
□ **clear-cut** [klíərkʌ́t]	明確な	
□ **candid** [kǽndid]	率直な(言葉などが)	包み隠しのない 誠実な
□ **favorable** [féiv(ə)rəbl]	好意的な	
□ **affirmative** [əfə́:rmətiv]	肯定的な	
□ **proper** [prápər]	適切な	ふさわしい 礼儀正しい
□ **keen** [ki:n]	鋭い	鋭敏な 熱心な
□ **remarkable** [rimá:rkəbl]	注目すべき	著しい 目だった
□ **admirable** [ǽdm(ə)rəbl]	称賛すべき	感心な あっぱれな

SECTION 14

14-1 ● 健康 [動詞]

14-2 ● 問題 [動詞]

14-3 ● 経済政策 [動詞]

14-4 ● 国家 [名詞]

14-5 ● 犯罪に関わる人 [名詞]

14-6 ● 内面2 [名詞]

14-7 ● 会議2 [名詞]

14-8 ● 景気 [名詞]

14-9 ● マイナスの意見 [形容詞]

14-10 ● 事件 [形容詞]

動詞

健康

体が寒気でブルッと **shiver** する
(シヴァ)

小刻みにガタガタと **quiver** する
(クウィヴァ)

体の痛みがいつまでも **last** する
(ラスト)

体がむくれて **swell** する
(スウェル)

肉体の苦痛で **struggle** する
(ストゥラグル)

苦しさからウウウウッと **groan** する
(グロウン)

漢方医が薬を **compound** する
(カンパウンド)

薬を飲んで痛みが **ease** する
(イーズ)

次第に健康を **restore** する
(リストー(ァ))

健康が回復し元気を **revive** する
(リヴァイブ)

14-1

shiver [ʃívər]	震える (寒さ・恐怖などで)	身震いする 名震え
quiver [kwívər]	震える(人・声など)	揺れる 名震え声
last [læst]	続く	もちこたえる に耐える
swell [swel]	はれる	ふくれる 増える
struggle [strʌ́gl]	もがく	じたばたする 名もがき
groan [groun]	うめく	うなる 名うめき声
compound [kɑmpáund]	を調合する	を混合する
ease [i:z]	和らぐ	名気楽さ 名容易さ
restore [ristɔ́:r]	を回復する (治療・処置などで)	を戻す を修復する
revive [riváiv]	元気を取り戻す	生き返る 復活する

動詞

問題

不注意から重要な箇所を **overlook**(オウヴァルック) する

自分の判断力でよし悪しを **distinguish**(ディスティングウィシ) する

原稿に間違いがないか **confirm**(コンファ〜ム) する

飛行機の予約をもう一度 **reconfirm**(リーコンファ〜ム) する

親の生活態度は子供に **affect**(アフェクト) する

人間みな抱えている悩みは **differ**(ディファ) する

いやがらせで人の行為を **prevent**(プリヴェント) する

やっかいな問題に突然 **encounter**(エンカウンタァ) する

その問題はすべての人に **concern**(コンサ〜ン) する

その事件にはさまざまな問題を **comprise**(コンプライズ) する

14-2

overlook [òuvərlúk]	を見落とす	見下ろす / を大目にみる
distinguish [distíŋgwiʃ]	を区別する	を見分ける / を識別する
confirm [kənfə́:rm]	を確かめる	を確認する
reconfirm [rì:kənfə́:rm]	を再確認する	
affect [əfékt]	に影響する	に作用する / を感動させる
differ [dífər]	違う	異なる
prevent [privént]	を妨げる	
encounter [inkáuntər]	にあう(困難・危険など)	に出会う(偶然) / に出くわす
concern [kənsə́:rn]	に関係がある	名 関心事
comprise [kəmpráiz]	を含む	から成る

動詞
経済政策

政府、経済の動向を **anticipate** する
（アンティスィペイト）

景気が激しく **fluctuate** する
（フラクチュエイト）

政府が市場に **intervene** する
（インタヴィーン）

お金を大量に **issue** する
（イシュー）

企業の税負担を **reduce** する
（リデュース）

弱小企業の納税を **exempt** する
（イグゼンプト）

さまざまな規制を大胆に **abolish** する
（アバリシ）

景気が徐々に **improve** する
（インプルーヴ）

景気を以前の状態に **recover** する
（リカヴァ）

好景気にわき社会は **flourish** する
（フラ〜リシ）

14-3

☐ **anticipate** [æntísipèit]	を予想する	を予期する
☐ **fluctuate** [flʌ́ktʃuèit]	変動する(物価・考えなど)	動揺する
☐ **intervene** [ìntərvíːn]	介入する	邪魔に入る 仲裁する
☐ **issue** [íʃuː]	を発行する	を出す(命令) 問題
☐ **reduce** [rid(j)úːs]	を減らす	減少する
☐ **exempt** [igzémpt]	を免除する(義務など)	
☐ **abolish** [əbáliʃ]	を撤廃する	を廃止する
☐ **improve** [imprúːv]	よくなる	を改良する 進歩する
☐ **recover** [rikʌ́vər]	を回復する(自分の力で)	を取り戻す 健康を回復する
☐ **flourish** [fláːriʃ]	繁栄する	繁盛する よく成長する

317

名詞

国家

不法行為に対して発する **warning**（ウォーニング）

枠組みを定める法の **regulation**（レギュレイション）

20歳未満に対する飲酒の **prohibition**（プロウヒビション）

公的機関が許可を与える **sanction**（サン(ク)ション）

国内の産業を手厚く守る **protection**（プロテクション）

災害にあった人々への **salvation**（サルヴェイション）

強権で人に加える **stress**（ストゥレス）

国家が打ち出すこれからの **policy**（パリスィ）

国家が国民に果たす **role**（ロウル）

他国の侵略に対する国の **defense**（ディフェンス）

14-4

warning [wɔ́ːrniŋ]	警告	
regulation [règjuléiʃən]	規制	規定 条令
prohibition [pròu(h)əbíʃən]	禁止	
sanction [sǽŋ(k)ʃən]	認可	許可 容認
protection [prətékʃən]	保護	援護
salvation [sælvéiʃən]	救済	救い 救助
stress [stres]	圧力	圧迫 動を強調する
policy [pάləsi]	政策	方針 方策
role [roul]	役割	役目
defense [diféns]	防衛	弁護 守備側

名詞
犯罪に関わる人

人を言葉巧みにだます **fraud** (フロード)

夜、家に忍び込む **burglar** (バ～グラァ)

凶器を手に金品を奪う **mugger** (マガァ)

銀行に押し込む覆面した **robber** (ラバァ)

殺人で罪に問われる **murderer** (マ～ダラァ)

殺人の依頼を引き受ける **assassin** (アサスィン)

事件で傷害を加えた **assailant** (アセイラント)

刑事事件で裁判を受ける **the accused** (ズィ アキューズド)

犯行現場を目撃した **eyewitness** (アイウィトゥネス)

刑務所に服役する **prisoner** (プリズナァ)

14-5

☐ **fraud** [frɔːd]	詐欺師	詐欺
☐ **burglar** [bə́ːrɡlər]	泥棒(夜間に盗む)	
☐ **mugger** [mʌ́ɡər]	おいはぎ	強盗
☐ **robber** [rɑ́bər]	強盗	泥棒
☐ **murderer** [mə́ːrdərər]	殺人犯	人殺し
☐ **assassin** [əsǽsin]	暗殺者	刺客
☐ **assailant** [əséilənt]	加害者	攻撃者
☐ **the accused** [ði əkjúːzd]	被告(刑事)	
☐ **eyewitness** [áiwìtnis]	目撃者	目撃証人
☐ **prisoner** [príz(ə)nər]	囚人	刑事被告 捕虜

名詞
内面 2

人間の心が揺れ動く **emotion** [イモウション]

人間が生まれもって備える **instinct** [インスティン(ク)ト]

人間を突き動かす **motive** [モウティヴ]

人間が未知のものに示す **curiosity** [キュ(ア)リアスィティ]

人間がかわいそうな人に抱く **sympathy** [スィンパスィ]

人間で違う性格の **temper** [テンパァ]

人間がサッカーの観戦に狂う **enthusiasm** [エンス(ュ)ーズィアズム]

人間が狂いまくる **frenzy** [フレンズィ]

人間の心に突然湧き起こる **impulse** [インパルス]

人間が昔を懐かしむ **nostalgia** [ナスタルヂア]

emotion [imóuʃən]	感情	情熱 感動
instinct [ínstiŋ(k)t]	本能	
motive [móutiv]	動機	主題 モチーフ
curiosity [kjù(ə)riásəti]	好奇心	
sympathy [símpəθi]	同情	思いやり 同感
temper [témpər]	気性	気質
enthusiasm [inθ(j)úːziæzm]	熱狂	熱気
frenzy [frénzi]	狂乱	熱狂 乱心
impulse [ímpʌls]	衝動	推進力 刺激
nostalgia [nɑstældʒ(i)ə]	郷愁	懐古の情

名詞

会議 2

議題について話し合う **conference** カンフ(ェ)レンス

討論会として行う **symposium** スィンポウズィアム

ざっくばらんに話し合う **discussion meeting** ディスカション ミーティング

各国首脳が話し合う **summit** サミット

役員などで会議する **board** ボード

自分の意見を主張して争う **dispute** ディスピュート

会議の場にのせる **agenda** アヂェンダ

会議で真剣に検討する **deliberation** ディリベレイション

会議で採決を取る **resolution** レゾルーション

決議で拒否される **rejection** リヂェクション

14-7

英単語	意味1	意味2
conference [kánf(ə)rəns]	会議	相談
symposium [simpóuziəm]	シンポジウム	
discussion meeting [diskʌ́ʃən míːtiŋ]	座談会	
summit [sʌ́mit]	首脳会議	頂点 / 頂上
board [bɔːrd]	委員会	板 / 動に乗車する
dispute [dispjúːt]	争議	口論 / 紛争
agenda [ədʒéndə]	議題	会議事項 / 議事日程
deliberation [dilibəréiʃən]	審議	討議 / 熟考
resolution [rèzəlúːʃən]	決議	
rejection [ridʒékʃən]	否決	拒絶 / 拒否

名詞

景気

いつも変動する経済の **business**
(ビズネス)

景気における今の **things**
(スイングズ)

景気が落ち込む **decline**
(ディクライン)

景気がいまいち芳しくない **slump**
(スランプ)

景気が後ろ向きになる **recession**
(リセション)

景気が低迷する **hard times**
(ハード タイムズ)

不景気が長く続く **depression** する
(ディプレション)

景気が元に戻る **business recovery**
(ビズネス リカヴァリィ)

景気が急に活気づく **boom**
(ブーム)

景気が活気を帯びる **prosperity**
(プラスペリティ)

14-8

business [bíznis]	景気	
things [θiŋz]	状況(複数形で)	事情
decline [dikláin]	低下	衰え 下落
slump [slʌmp]	景気の後退	不況 不振
recession [riséʃən]	一時的な景気後退	後退 不景気
hard times [háːrd táimz]	不景気	
depression [dipréʃən]	不況	不景気 憂鬱
business recovery [bíznis rikʌ́v(ə)ri]	景気回復	
boom [buːm]	にわか景気	人気 ブーム
prosperity [prɑspérəti]	好景気	繁栄 成功

形容詞

マイナスの意見

イエスかノーかわからない **ambiguous**(アンビギュアス) な意見

考えないで発言する **rash**(ラッシ) な意見

その場にそぐわない **improper**(インプラパァ) な意見

説明不足の **insufficient**(インサフィシェント) な意見

具体性に欠ける **abstract**(アブストゥラクト) な意見

相手をたたきのめす **pointed**(ポインティド) な意見

憎しみを込めた **hostile**(ハストゥル) な意見

相手に衝撃を与える **intense**(インテンス) な意見

まったく裏腹の **contrary**(カントゥレリィ) な意見

何の意味もない **meaningless**(ミーニングレス) な意見

14-9

ambiguous [æmbígjuəs]	曖昧な	
rash [ræʃ]	軽率な	性急な / 分別のない
improper [imprápər]	不適切な	ふさわしくない
insufficient [ìnsəfíʃənt]	不十分な	不適当な
abstract [ǽbstrækt]	抽象的な	理論的な
pointed [pɔ́intid]	辛辣な	とがった / 鋭い
hostile [hástl]	敵意のある	敵の / 敵国の
intense [inténs]	強烈な	激しい
contrary [kántrèri]	反対の	
meaningless [míːniŋlis]	無意味な	

形容詞

事件

どこにでも起こる **feasible**(フィーズィブル) な事件

たて続けに起こる **consecutive**(コンセキュティヴ) な事件

身の毛もよだつ **awful**(オーフル) な犯行現場

警察による犯行現場の **elaborate**(イラボレト) な調査

化学班による **accurate**(アキュレト) な調査

現場に残された **slight**(スライト) な証拠

刑事による **thorough**(サ〜ロウ) な聞き込み

捜査で集められた **sufficient**(サフィシェント) な情報

捜査線上に浮かび上がった **particular**(パティキュラァ) な人物

A氏が犯人である **adequate**(アデクウェト) な証拠

14-10

☐ **feasible** [fíːzəbl]	ありそうな	実行可能な
☐ **consecutive** [kənsékjutiv]	連続的な	
☐ **awful** [ɔ́ːfəl]	恐ろしい	すさまじい
☐ **elaborate** [ilǽb(ə)rit]	念入りな	手の込んだ
☐ **accurate** [ǽkjurit]	正確な	精密な
☐ **slight** [slait]	わずかな	少しの 細い
☐ **thorough** [θə́ːrou]	徹底的な	まったくの
☐ **sufficient** [səfíʃənt]	十分な (必要なだけある)	
☐ **particular** [pərtíkjulər]	特定の	特別の 名 項目
☐ **adequate** [ǽdikwit]	十分な(最低限必要な)	足る 適任の

SECTION 15

15-1 ● 見る [動詞]

15-2 ● マイナスのこころ2 [動詞]

15-3 ● 犯罪 [動詞]

15-4 ● 色々な人 [名詞]

15-5 ● 流行 [名詞]

15-6 ● クーデター [名詞]

15-7 ● 議論 [名詞]

15-8 ● 組織 [名詞]

15-9 ● 経済2 [形容詞]

15-10 ● 出来事 [形容詞]

動詞

見る

新聞記事を一分ほどで **scan** する
スキャン

引出しのヌード写真を **glance** する
グランス

気になる女性の顔を **glimpse** する
グリン(プ)ス

障子の穴から部屋の中を **peep** する
ピープ

物陰から他人の情事を **peek** する
ピーク

目をこらし写真の女性を **peer** する
ピア

愛する彼女の目を **stare** する
ステア

素晴らしいゴッホの絵画を **gaze** する
ゲイズ

突然のことでポカンと **gape** する
ゲイプ

雄大な自然の光景を **survey** する
サヴェイ

15-1

☐ **scan** [skæn]	をざっと見る	にざっと目を走らせる
☐ **glance** [glæns]	ちらっと見る (素早く)	名ちらっと見ること
☐ **glimpse** [glim(p)s]	をちらりと見る (脳裏に焼き付ける)	名一見
☐ **peep** [piːp]	のぞき見する	ちらっと見る 名のぞき見
☐ **peek** [piːk]	そっとのぞく	のぞき見する 名のぞき見
☐ **peer** [piər]	じっと見る (目を細めて)	のぞく 見つめる
☐ **stare** [stɛər]	じっと見つめる (まともに)	
☐ **gaze** [geiz]	じっと見つめる (長時間)	名凝視
☐ **gape** [geip]	口をあけてポカン として見る	
☐ **survey** [sərvéi]	を見渡す	を調べる

動詞

マイナスのこころ 2

相手の無神経な言葉に **resent** する（リゼント）

歯をくいしばって辛いことを **tolerate** する（タレレイト）

湧きあがる感情を **restrain** する（リストゥレイン）

手の届かない望みを **abandon** する（アバンドン）

己の不幸を心から **deplore** する（ディプローア）

親切な助言を平気で **ignore** する（イグノーア）

人の申し出をていねいに **decline** する（ディクライン）

夫の浮気が妻の心を **afflict** する（アフリクト）

夫の夜の誘いを **reject** する（リチェクト）

不遜な態度で相手の感情を **offend** する（オフェンド）

15-2

☐ **resent** [rizént]	に憤慨する(言動など)	を不快に思う を恨む
☐ **tolerate** [tálərèit]	を我慢する	を耐える を大目にみる
☐ **restrain** [ristréin]	を抑える(行為・感情など)	を抑止する を拘束する
☐ **abandon** [əbǽndən]	を捨てる	を見捨てる をやめる
☐ **deplore** [dipló:r]	を嘆く	を遺憾に思う を嘆かわしく思う
☐ **ignore** [ignó:r]	を無視する	
☐ **decline** [dikláin]	を断る	衰える 名 衰え
☐ **afflict** [əflíkt]	を苦しめる	を悩ます
☐ **reject** [ridʒékt]	を拒絶する	を拒否する
☐ **offend** [əfénd]	の感情を害する	を怒らせる 罪を犯す

動詞

犯罪

悪人、凶悪な犯罪を **commit** する

警察、捜索していた犯人を **arrest** する

刑事、取り調べ室で容疑者を **question** する

刑事、犯行の動機を **inspect** する

刑事・容疑者の供述を部下に **dictate** する

検察、犯人を裁判に **sue** する

裁判長、法廷で公判を **hold** する

検察、容疑者の犯行を **prove** する

裁判官、容疑者を **rule** する

裁判長、被告に有罪の判決を **find** する

15-3

commit [kəmít]	を犯す(罪・過失など)	
arrest [ərést]	を逮捕する	图逮捕
question [kwéstʃən]	を尋問する	を質問する 图質問
inspect [inspékt]	を詳しく調べる	を視察する
dictate [díkteit]	を書き取らせる	口述する
sue [s(j)u:]	告訴する	を訴える
hold [hould]	を開く(会など)	を手に持つ を保つ
prove [pru:v]	を証明する	を試す
rule [ru:l]	を裁決する	を支配する 图規則
find [faind]	を下す(評決)	を見つける とわかる

名詞
色々な人

仕事もせずにブラブラする **loafer**（ロウファ）

会合に出席しない **absentee**（アブセンティー）

仕事を探し回る **job seeker**（チャブ スィーカァ）

野球の試合を観戦する **spectator**（スペクテイタァ）

火事場にたかる **curious onlooker**（キュ(ァ)リアス アンルカァ）

民事訴訟で訴えられた **defendant**（ディフェンダント）

昔ながらの伝統を重んじる **conservative**（コンサ〜ヴァテイヴ）

人間の自由を重んじる **liberal**（リベラル）

恥ずかしがり屋でおとなしい **introvert**（イントゥロヴァート）

社交的で人付き合いのいい **extrovert**（エクストゥロヴァート）

340

15-4

単語	意味1	意味2
loafer [lóufər]	さぼる人	のらくら者
absentee [æbs(ə)ntí:]	欠席者	不在者 / 欠勤者
job seeker [dʒáb si:kər]	求職者	
spectator [spékteitər]	観客	見物人
curious onlooker [kjú(ə)riəs ánlùkər]	野次馬	
defendant [diféndənt]	被告(民事)	
conservative [kənsə́:rvətiv]	保守的な人	形 保守的な / 保守主義の
liberal [líb(ə)rəl]	自由主義者	形 寛大な / 自由主義の
introvert [íntrəvə̀:rt]	内向的な人	
extrovert [ékstrəvə̀:rt]	外向的な人	

名詞

流行

激しく変動する時代の **current**(カーレント)

現代社会における若者の **trend**(トゥレンド)

若者がもたらす新しい社会 **phenomenon**(フィナメナン)

企業による若者の **investigation**(インヴェスティゲイション)

年齢別による若者の **analysis**(アナリスィス)

若者の心を捕らえる **factor**(ファクタァ)

新しいファッションの **appearance**(アピ(ァ)ランス)

若者への強烈な **stimulus**(スティミュラス)

若者の間に広がる **reputation**(レビュテイション)

企業がテレビで行う大々的な **publicity**(パブリスィティ)

15-5

単語	意味1	意味2
current [kɔ́:rənt]	風潮	電流 形 現在流通している
trend [trend]	傾向	動向 流行
phenomenon [finámənàn]	現象	
investigation [invèstəgéiʃən]	調査（真実や事実関係の究明）	研究
analysis [ənǽləsis]	分析	分解
factor [fǽktər]	要素	要因
appearance [əpí(ə)rəns]	出現	外観 現れること
stimulus [stímjuləs]	刺激	刺激物
reputation [rèpjutéiʃən]	評判	名声
publicity [pʌblísəti]	宣伝（広告・知れ渡ること）	

名詞
クーデター

政府に対する国民の **dissatisfaction**
ディ(ス)サティスファクション

国家に怒りをぶつける **the masses**
ザ マスィズ

政府転覆を企てる **cluster**
クラスタァ

ついに引き起こされた **coup d'état**
クー デイター

武装した集団の政府への **assault**
アソールト

政府官邸に仕掛けられた **bomb**
バム

爆弾による激しい **explosion**
イクスプロウジョン

政府官邸の **destruction**
ディストゥラクション

政府軍との激しい **combat**
カンバト

人の血が流される **sacrifice**
サクリファイス

15-6

dissatisfaction [di(s)sætisfǽkʃən]	不満	不平
the masses [ðə mǽsiz]	大衆	
cluster [klʌ́stər]	集団	房(果実などの)
coup d'état [kúː deitɑ́ː]	クーデター	
assault [əsɔ́ːlt]	襲撃	攻撃 動を急襲する
bomb [bɑm]	爆弾	動を爆撃する
explosion [iksplóuʒən]	爆発	
destruction [distrʌ́kʃən]	破壊	
combat [kɑ́mbæt]	戦闘	格闘
sacrifice [sǽkrəfàis]	犠牲	動を犠牲にする

名詞

議論

意見を論じ合う **argument** (アーギュメント)

公的な場で意見を論じる **debate** (ディベイト)

議論で話し合われる **subject** (サブヂェクト)

意見で案を提供する **proposal** (プロポウザル)

意見に同意する **approval** (アプルーヴ(ァ)ル)

意見に賛成しない **disapproval** (ディサプルーヴ(ァ)ル)

意見がすれ違う **disagreement** (ディサグリーメント)

意見に異論を唱える **objection** (オブヂェクション)

意見に真っ向から対立する **opposition** (アポズィション)

議論で出された **conclusion** (コンクルージョン)

15-7

argument [á:rgjumənt]	議論	口論
debate [dibéit]	討論	動を議論する
subject [sʌ́bdʒikt]	話題	教科 主題
proposal [prəpóuz(ə)l]	提案	申し込み プロポーズ
approval [əprú:v(ə)l]	賛成	認可 承認
disapproval [dìsəprú:v(ə)l]	不賛成	
disagreement [dìsəgrí:mənt]	不一致	
objection [əbdʒékʃən]	異議	反対 不服
opposition [àpəzíʃən]	反対	対立 反撃
conclusion [kənklú:ʒən]	結論	終わり 締結

名詞

組織

それぞれ担当で分かれる **arm**（アーム）

政府官庁における **bureau**（ビュ(ァ)ロウ）

審査グループにおける **panel**（パネル）

会員によって構成される **society**（ソサイエティ）

共通の目的で集まった **organization**（オーガニゼイション）

労働者でつくられる **labor union**（レイバァ ユーニョン）

政府に圧力を加える **lobby**（ラビィ）

国家から権力を委任された **autonomy**（オータノミィ）

政党内にできる **faction**（ファクション）

宗教のもとでつくられた **religious group**（リリヂャス グループ）

15-8

arm [ɑ:rm]	部門	部局 権力
bureau [bjú(ə)rou]	局	部
panel [pǽn(ə)l]	委員団	はめ板 計器板
society [səsáiəti]	協会	社会 社交界
organization [ɔ̀:rgənizéiʃən]	団体	組織 組織化
labor union [léibər jú:njən]	労働組合	
lobby [lábi]	圧力団体	ロビー
autonomy [ɔ:tánəmi]	自治体	自治 自治権
faction [fǽkʃən]	派閥	
religious group [rilídʒəs grù:p]	宗教団体	

名詞

経済 2

日本経済をリードする **key industry**
キー インダストゥリィ

経済発展に必要な **infrastructure**
インフラストゥラクチャ

今後伸びてゆく新たな **industry**
インダストゥリィ

商品を購買する **consumer**
コンス(ュ)ーマァ

経済活動に必要な消費者の **consumption**
コンサン(プ)ション

金のある消費者の **purchasing power**
パーチェスィング バゥア

急増する商品の **demand**
ディマンド

長く続く経済の **stability**
スタビリティ

景気の冷え込みによる消費者の **restrained purchasing**
リストゥレインド パーチェスィング

変動する経済の **transition**
トゥランズィション

15-9

key industry [kí: índəstri]	基幹産業	
infrastructure [ínfrəstrʌ̀ktʃər]	経済基盤	基盤施設
industry [índəstri]	産業	工業 勤勉
consumer [kəns(j)ú:mər]	消費者	
consumption [kənsʌ́m(p)ʃən]	消費	
purchasing power [pə́:rtʃəsiŋ pàuər]	購買力	
demand [dimǽnd]	需要	要求
stability [stəbíləti]	安定	安定性
restrained purchasing [ristréind pə́:rtʃəsiŋ]	買い控え	
transition [trænzíʃən]	移り変わり	変遷

形容詞

出来事

取るに足らない **petty**(ペティ) な出来事

嫌悪感を覚える **unpleasant**(アンプレズント) な出来事

いまだかつて経験のない **odd**(アッド) な出来事

頭をひねる **marvelous**(マーヴ(ェ)ラス) な出来事

目をむいてびっくりする **astonishing**(アスタニシング) な出来事

胸がムカムカする **disgusting**(ディスガスティング) な出来事

世界中が関心を示す **notable**(ノウタブル) な出来事

一刻を争う **urgent**(ア〜ヂ(ェ)ント) な出来事

どうしても通過しなければならない **inevitable**(インエヴィタブル) な出来事

みんなの生命に関わる **grave**(グレイヴ) な出来事

352

15-10

petty [péti]	ささいな	つまらない
unpleasant [ʌnpléz(ə)nt]	不愉快な	嫌な
odd [ɑd]	奇妙な	変わった 奇数の
marvelous [mɑ́ːrv(ə)ləs]	不思議な	驚くべき
astonishing [əstɑ́niʃiŋ]	驚くべき	びっくりするような
disgusting [disɡʌ́stiŋ]	うんざりするような	むかつくような
notable [nóutəbl]	注目すべき	著しい 顕著な
urgent [ə́ːrdʒ(ə)nt]	緊急の	差し迫った
inevitable [inévətəbl]	避けられない	必然の 確かな
grave [ɡreiv]	重大な	まじめな

ヤバいくらい覚えられる
速習の英単語 1500

著　者	リック西尾
発行者	真船美保子
発行所	KK ロングセラーズ

　　　　　東京都新宿区高田馬場 2-1-2　〒169-0075
　　　　　電話 (03) 3204-5161(代)　振替 00120-7-145737
　　　　　http://www.kklong.co.jp
印　刷　中央精版印刷(株)　製　本　(株)難波製本

落丁・乱丁はお取り替えいたします。
※定価と発行日はカバーに表示してあります。
ISBN978-4-8454-5066-4　C0282　　　Printed In Japan 2018